MW01708051

Reich an Jahren

Reich an Jahren

Frieden und Erfüllung
für ein langes Leben

Johann Christoph Arnold

The Plough Publishing House

Published by Plough Publishing House
Walden, New York
Robertsbridge, England
Elsmore, Australia
www.plough.com

Umschlaggestaltung: Emily Alexander
Umschlagmotiv: Copyright © Corbis Images

ISBN: 978-0-87486-812-8
1. Auflage: Februar 2014
2. Auflage: März 2014

Reich an Jahren ist eine überarbeitete Übersetzung der amerikanischen Originalausgabe *Rich in Years*,
erschienen 2013 bei Plough Publishing House
Deutsch von Daniel Hug

Printed in Germany

Dieses Buch ist unseren Eltern, Heinrich & Annemarie Arnold und Hans & Margrit Meier gewidmet. Weil beide Paare ihrem Ehepartner und Jesus treu geblieben sind, war ihre Zeit bis ins hohe Alter erfüllt und hat das Leben tausender Menschen berührt.

Johann Christoph und Verena Arnold

Inhalt

Aus meinem Leben

WANDERN IST eine der Freuden, die ich mit meiner Frau teile. Im Laufe der Jahre sind uns viele andere Wanderer begegnet. Manche sind jung und voller Elan, ihre Ausrüstung ist neu und sie schreiten kraftvoll aus. Zunächst sieht es so aus, als wüssten sie, was sie tun, aber in vielerlei Hinsicht sind sie naiv und unerfahren. Andere bewegen sich ruhig und sicher. Man merkt ihnen an, dass sie sich gut auskennen und schon öfters hier unterwegs waren. Wiederum andere haben sich völlig verlaufen. Sie wissen weder woher sie kommen noch wohin sie gehen.

So ist es auch mit unserem Leben. In dem Buch „Die Pilgerreise" stellt John Bunyan das Leben als eine lange Wanderung dar. Bunyans Reisender weiß, wohin er letztendlich will, aber unterwegs drohen ihm ständig Gefahren: verlockende Irrwege, wilde Tiere und weglose Sümpfe. Oft ist der Weg schmal: Auf der einen Seite ragen steile Felswände empor, auf der anderen Seite drohen tiefe Abgründe. Je näher der Reisende seinem Ziel kommt, desto ärger werden die Angriffe. Genauso ist es auch im Leben. Wir werden älter und verlieren langsam aber sicher unsere Fähigkeiten. (Die meisten jungen Menschen können sich nicht vorstellen, wie das ist.) Vor uns sehen wir Krankheiten, Einsamkeit und schließlich den Tod.

Wie bei jeder Reise kommen Zweifel auf, ob das Ziel überhaupt erreicht werden kann. Unterwegs werden wir oft verletzt und schleppen uns weiter, verwundet und orientierungslos. Allein ist es besonders schwer. Nur wenn wir einander helfen, können wir sicher sein, dass wir auf dem rechten Weg bleiben. Ob wir erfahrene Wanderer oder Neulinge sind – wir sind gemeinsam auf dieser Reise. Alleine loszulaufen ist die sicherste Methode, um vom Weg abzukommen und sich zu verirren.

Wenn Schwierigkeiten auftreten, dann können wir etwas über den Weg lernen, auf dem wir unterwegs sind. Diese Erfahrungen sollten wir nicht für uns behalten. Wir kennen die schönsten Aussichtspunkte und wir wissen, wie wichtig es ist, sich hier Zeit zu nehmen, um den Anblick zu genießen. Wir haben die kleinen, verborgenen Quellen gefunden, die selbst im trockensten Sommer noch sprudeln, und wissen, wo man sicher Rast machen kann. So ist es auch im Leben: Diejenigen von uns, die ein hohes Alter erreicht haben, können den Jüngeren eine Quelle von Weisheit, Hoffnung und Mut sein. Deshalb habe ich dieses Buch geschrieben. In meinem Leben bin ich oft gestolpert und habe mich wer weiß wie oft verlaufen. Aber dadurch weiß ich auch, wie man mit weniger Angst und mehr Freude durchs Leben kommen kann. Ich hoffe, dass die Geschichten in diesem Buch eine Ermutigung für alte und junge Menschen sind. Widmen möchte ich es meinen Altersgenossen – ich wünsche ihnen Kraft, auch in der Zukunft anderen Wanderern weiterzuhelfen.

Jeder erfahrene Wanderer trägt einen Kompass bei sich. Vielleicht wird er tagelang nicht benutzt, aber wenn es nötig ist, bringt er uns schnell wieder auf den richtigen Weg zurück. Bei meiner eigenen Reise durchs Leben war das Gebet meine wichtigste

Orientierungshilfe. Wenn ich mich an Gott wende und weg von den Problemen und Sorgen, die vor mir liegen, dann richtet er mein Herz wieder auf das ewige Ziel aus. Innerer Friede wird auch dann gefunden, wenn wir täglich denen vergeben, die uns Unrecht getan haben, und durch den Dienst am Nächsten. Mit einem solchen Frieden ausgestattet können wir unsere Reise fortsetzen.

Letzten Endes liegt es in Gottes Hand, wie lange wir unterwegs sind, nicht an uns. Unsere Wanderschaft beginnt im Leib unserer Mutter und hört mit dem Tod auf. Manche von uns wandern jahrelang, verirren sich und finden wieder auf ihren Weg zurück. Oder wir gehen ein Stück des Weges zurück, um einem anderen Wanderer zu helfen, und fragen uns, ob wir nicht unsere Zeit verschwenden. Für manche ist die Reise nur kurz, aber wer will wissen, ob nicht auch sie das Ziel erreicht haben, das Gott ihnen gesetzt hat?

Jede Reise wird zu ihrem Ende kommen, und dort wird Jesus sein. Er hält Ausschau nach uns und erwartet uns schon. Er weiß, wie unsere Reise begonnen hat, und war bei jedem Schritt an unserer Seite. Wenn wir einen Wanderer in Not gleichgültig am Wegesrand liegengelassen haben, wird er es sein, der uns richtet. Für jede Tat der Nächstenliebe jedoch wird er uns belohnen und uns mit offenen Armen empfangen: „Kommt alle zu mir, die ihr euch plagt und schwere Lasten zu tragen habt. Ich werde euch Ruhe verschaffen“ (Matthäus 11,28).

Rudi Hildel

„Nun gut, ich werde älter. Aber ihr braucht nicht so ein Aufhebens darum zu machen!"

1

Älter werden

Werde alt mit mir!
Das Beste wird noch kommen,
Des Leben Letztes – hierfür das Erste ward:
Unsere Zeit, sie ist in seiner Hand
Der sagt: „Ein Ganzes habe ich geplant,
Die Jugend zeigt's nur halb; trau Gott:
Sieh's all, sei unverzagt."

Robert Browning

So BEGINNT das Lieblingsgedicht von Ellen Keiderling, meiner ehemaligen Sekretärin, die mir bei vielen meiner Bücher unschätzbare Dienste geleistet hat. Sie arbeitet zwar nicht mehr für mich, aber sie ist immer noch ein lebhaftes Mitglied unserer Gemeinde und beteiligt sich oft an Diskussionen. Als ich das erste Mal andeutete, dass ich ein Buch übers

Älterwerden schreiben wollte, schrieb Ellen Folgendes:

> Ich bin inzwischen achtzig und mein Alter fängt an, mir zu schaffen zu machen. Aber ich möchte nicht noch einmal fünfundzwanzig sein. Dies sind die besten Jahre meines Lebens.
>
> In den letzten Jahren habe ich gelernt, wie wichtig es ist, dass mir jemand hilft. Wie Jesus zu Petrus gesagt hat: „Als du jung warst, hast du dich selbst angekleidet und bist gegangen, wohin du wolltest. Im Alter aber wirst du deine Hände ausstrecken und ein anderer wird dich ankleiden und dich dorthin führen, wohin du nicht gehen willst" (Johannes 21,18). Ich gehöre mit Sicherheit zu denjenigen, die dorthin geführt werden, wo sie nicht hinwollen. Das zu akzeptieren fällt mir sehr schwer.
>
> Ich habe es nicht gerne, wenn Leute ständig um mich herum sind und mir sagen, was ich machen soll. Aber ich bin ihnen dankbar, dass sie es trotzdem tun. Ich mag es auch nicht, dass ich auf Schritt und Tritt begleitet werde. Immer ist jemand da, wohin ich auch gehe. Aber auch hier bin ich dankbar, denn ich werde eben älter. Ein Grund zu wirklicher Freude ist, dass ich Frieden habe. Was Browning schreibt, ist so wahr: Ich habe keinen Grund, Angst zu haben.

Nicht jeder ist wie Ellen. Viele von uns sind voller Angst vor Alter und Tod, aber wir wollen nicht darüber sprechen. Gibt es etwas, das wir nicht wahrhaben wollen? Vielleicht ist es die schlichte Erkenntnis, die Shakespeare so treffend ausgedrückt hat (wir mussten diese Zeilen damals in der Schule auswendig lernen):

> Die ganze Welt ist eine Bühne
> Und alle Frauen und Männer bloße Spieler.
> Sie treten auf und gehen wieder ab...
>
> *(Wie es Euch gefällt)*

> Aus, kleines Licht!
> Leben ist nur ein wandelnd Schattenbild,
> Ein armer Komödiant, der spreizt und knirscht
> Sein Stündchen auf der Bühn und dann nicht mehr
> Vernommen wird; ein Märchen ist's, erzählt
> Von einem Dummkopf, voller Klang und Wut,
> Das nichts bedeutet.
>
> *(Macbeth)*

Manche machen sich vielleicht Sorgen, nach dem Tod einfach vergessen zu werden, auch wenn wir im Leben sehr erfolgreich gewesen sind. Oder wir haben Angst vor dem Verlust unserer geistigen Fähigkeiten und unserer Unabhängigkeit. Wie jeder Mensch fürchten auch wir uns vor Einsamkeit, Schmerz und Leid. Viele von uns haben nicht so gelebt, wie wir hätten leben sollen. Aber all das kann überwunden werden. Alt zu werden muss uns nicht in Hoffnungslosigkeit und Verzweiflung gefangen halten, sondern kann besondere, einmalige Chancen mit sich bringen, unseren Mitmenschen Liebe zu erweisen, wie wir es schon immer gewollt, aber bis dahin aus irgendwelchen Gründen nie gekonnt haben.

Hat unsere Gesellschaft noch eine vernünftige Vorstellung vom Älterwerden? Die Fortschritte der Medizin gaukeln uns Unsterblichkeit vor. Wir scheinen zu glauben, dass wir ewig leben werden und sind stolz darauf, immer älter werden zu können. Aber so verdrängen wir Gott aus unserem Leben. Wer Jugend, Kraft und Gesundheit vergöttert, wird besessen werden von der Vorstellung, die Lebensdauer immer weiter zu verlängern. Für Gott ist es aber nicht wichtig, wie lange wir leben, sondern wie sinnvoll wir unser Leben gestalten.

Eine ganze Industrie ist entstanden, die uns in unserer Rebellion gegen die Begleiterscheinungen des Altwerdens zur Seite stehen will. Mehr und mehr Kosmetika, Medikamente und Trainingsprogramme werden entwickelt, um ältere Menschen davon zu überzeugen, dass es keine Alternative zum Jungsein gibt. Aber seien wir realistisch: Jeder, der jenseits der Siebzig ist, hat schon die eine oder andere Fähigkeit eingebüßt. Unser Haar wird grauer (wenn es überhaupt noch da ist), unsere Haut faltiger und unser Gang langsamer. Warum fällt es uns so schwer, das zu akzeptieren?

Gott nimmt uns auch an, wenn wir älter werden. Die Bibel lässt keinen Zweifel daran, dass Gott alte Menschen liebt und achtet. Warum tun wir das nicht auch? Ein langes Leben ist ein Segen Gottes, und dazu gehört die Verantwortung für die nächste Generation.

Die Geschichte zeigt uns, dass Gottes Pläne durch alte Menschen zur Erfüllung kommen. Abraham war einhundert Jahre alt und Sarah war neunzig, als ihr Sohn Isaak geboren wurde. Moses war achtzig, als er das Volk Gottes aus Ägypten herausführte. Zacharias und Elisabeth waren „im fortgeschrittenen Alter", als Johannes der Täufer geboren wurde. Wenn wir auch nur eine ungefähre Vorstellung davon bekommen, wie Gott wirkt, werden wir herausfinden, dass Älterwerden kein langsamer Niedergang sein muss. Es gibt keinen Grund anzunehmen, dass die besten Tage hinter uns liegen.

Wer weiterhin bereit ist, Abenteuer einzugehen, selbst wenn die Gesundheit langsam nachlässt, wird den Demütigungen des Alters mit Würde und Humor begegnen können. John Hinde, der seine Karriere bei einer großen Versicherungsgesellschaft aufgab, um sich einer Lebens- und Arbeitsgemeinschaft anzuschließen, war eines der Vorbilder meiner Kindheit. Jahrzehnte später sagte er einmal zu mir:

> Als ich einundzwanzig war, war das Leben ein großes Abenteuer. Jetzt ist alles so geruhsam. Natürlich bin ich jetzt auch schon dreiundachtzig, da ist man nicht mehr so abenteuerhungrig wie mit einundzwanzig. Aber Altwerden ist auch ein Abenteuer! Man muss sich einfach mutig hineinstürzen. Man verliert eine Fähigkeit nach der anderen, versteht immer weniger, wird immer abhängiger und alles mögliche andere, aber trotzdem sollte es ein Abenteuer sein.

John und Ellen beziehen sich auf die sogenannte „zweite Kindheit“. Für manche ist das ein sehr negativer Begriff – nicht aber für John und Ellen. Anstatt Verlorenem nachzulaufen akzeptieren sie, in einem neuen, kindlichen Geist zu leben. Dieser Geist war und ist für Jesus wichtig; immerhin hat er gesagt, wir sollen wie Kinder werden, wenn wir ins Reich Gottes gelangen möchten (Matthäus 18,3).

Natürlich sieht nicht jeder das Altwerden so positiv. Es ist nie leicht, den Altersprozess und das Herannahen des Lebensendes anzunehmen.

Rudi Hildel, ein guter Freund seit Kindheitstagen, war ein Witwer in seinen Achtzigern. Er bestand auf seine Unabhängigkeit, obwohl es offensichtlich war, dass er bei den täglichen Aufgaben Hilfe brauchte. Wir hatten viele hitzige Diskussionen, weil er manchmal einfach alleine sein wollte und sich durch seine Helfer gestört fühlte. Einmal sagte er zu mir:

> Ja, ich werde älter und die Leute kümmern sich liebevoll um meine Gesundheit, aber es kann auch zu weit gehen. Diese Überbehütung ist ein echtes Problem. Dauernd werde ich gefragt: „Kannst du wirklich alleine gehen?" „Möchtest du dich festhalten?" „Vorsicht, erkälte dich nicht!" „Achtung, du könntest stürzen und dir die Hüfte brechen!"

Rudis Widerspenstigkeit wäre um ein Haar zu seinem Unglück geworden: Er hatte ein Elektromobil, und als klar wurde, dass er es nicht mehr sicher steuern konnte, nahm sein Schwiegersohn die Schlüssel an sich. Aber Rudi überredete einen seiner Enkel dazu, sie zu suchen, und schon bald fuhr er wieder herum. Die Familie bat daraufhin einen Elektriker, das Fahrzeug dauerhaft außer Betrieb zu setzen, aber Rudi wurde wieder aktiv und brachte diesmal einen anderen Enkel dazu, mit heimlichen Reparaturarbeiten das Elektromobil wieder flott zu machen – und schon war er wieder auf Achse. Aber ein paar Tage später, als er einen steilen Schotterweg herunterfuhr, verlor er die Kontrolle über das Fahrzeug: Er durchquerte einen seichten Graben und fuhr auf eine Böschung zu. Zum Glück war gerade ein Passant in der Nähe, der die Sitzlehne packte und festhielt, sonst wäre er die Böschung hinuntergestürzt.

Erst jetzt begriff Rudi, wie gefährlich sein Drang nach Unabhängigkeit geworden war. Das Elektromobil verschwand und er konnte akzeptieren, in einem Rollstuhl geschoben zu werden, auch wenn es ihn anfangs viel Überwindung kostete.

Eileen war eine resolute Dame, die sich bis ins hohe Alter hinein bester Gesundheit erfreute. Bis sie achtzig wurde schwamm sie regelmäßig. Mit der Zeit aber entdeckte sie die guten Seiten daran, sich auf andere zu verlassen.

Wenn wir älter werden scheint es zwei Versuchungen zu geben. Eine ist, jede angebotene Hilfe anzunehmen und so diejenigen auszunutzen, die uns helfen wollen. Wir werden faul und lassen uns gehen. Die andere ist, zu sehr auf Unabhängigkeit aus zu sein. Wer der ersten Versuchung nachgibt, wird rückgratlos und egoistisch, aber wer der zweiten nachgibt, vergeudet seine Kraft und seine Aufmerksamkeit, so dass für Beziehungen mit anderen Menschen wenig übrigbleibt.

Zumindest bei mir hängt es auch mit Eitelkeit zusammen, wenn ich zu unabhängig sein möchte. Ich war lange stolz darauf, dass ich Dinge tun konnte, die andere in meinem Alter, oder sogar jünger als ich, nicht mehr so leicht geschafft haben. Eitelkeit hat immer etwas Absurdes. Es ist nicht mein Verdienst, wenn ich die eine oder andere Fähigkeit länger behalte als andere, und in meinem Fall ist es auch lieblos, denn damit stelle ich mich über andere.

Als ich mich dazu entschließen konnte, eine Pflegerin einzustellen, wurde mein Leben auf viele Weisen bereichert, die ich mir nicht hätte vorstellen können. Dadurch, dass ich abhängiger wurde, hatte ich plötzlich viel mehr Zeit und Gelegenheit, mit anderen in Kontakt zu kommen. Wenn ich den angebotenen Arm nicht brauchte, sagte ich einfach: „Hilfe brauche ich eigentlich nicht, aber ich freue mich über deine Gesellschaft." Meine Philosophie ist, solange aktiv zu bleiben, wie es geht, aber nicht bis zu dem Punkt, wo es anfängt, mich von meinen Mitmenschen zu isolieren.

Wie Rudi und Eileen selbst erlebt haben, ist Älterwerden auch ein Kampf, denn so viel von dem, was uns vertraut ist, geht zu Ende. Der walisische Dichter Dylan Thomas hat es in seinem berühmten Gedicht „Geh' nicht sanft ein in diese gute Nacht" treffend ausgedrückt:

Brennen und toben soll das Alter,
  wenn der Abend naht;
Wüten, wüten gegen das Sterben des Lichtes.

Hier kann man einwenden, dass die meisten von uns eigentlich eher Frieden suchen als Aufruhr. Außerdem glaube ich, dass das Licht niemals wirklich stirbt. Wie dem auch sei – es geht darum, bis zum letzten Atemzug voll zu leben und alles zu geben. Es ist ein Paradox: Der Tod ist der letzte Feind, gegen den wir mit aller Kraft ankämpfen. Aber wir wissen auch, dass Christus den Tod besiegt hat, so dass wir keine Angst vor ihm zu haben brauchen.

Es ist, als ob wir uns erst Gottes Plan beugen müssten, damit das Altwerden uns zum Geschenk werden kann. Dann könnten wir aufhören, unzufrieden darüber zu sein, dass wir dies oder jenes nicht mehr können und stattdessen Gottes neue Wege für uns entdecken. Mit dieser Gabe Gottes können wir vielen anderen Mut machen. Wenn wir den Frieden finden, den Jesus schenkt, werden diese neuen Wege mehr sein als nur ein Ausgleich für das, was wir früher gerne getan haben und was jetzt vielleicht nicht mehr möglich ist. Sogar wenn unsere körperlichen und geistigen Fähigkeiten eingeschränkt sind, haben wir viele Gelegenheiten, für unsere Mitmenschen und für Gottes Reich zu arbeiten, indem wir die beiden wichtigsten Gebote Jesu erfüllen: „Liebe den Herrn, deinen Gott, mit deinem ganzen Herzen, mit deiner ganzen Seele und mit deinem ganzen Verstand“ und „Liebe deinen Nächsten wie dich selbst“ (Matthäus 22,37–39).

Josua Dreher

„Warum haben wir Angst vor der Ewigkeit?"

2

Veränderungen akzeptieren

Das Alter schleicht sich an jeden von uns heran. Ich selbst wollte die meiste Zeit meines Lebens nicht daran denken, dann aber tauchten die ersten Probleme auf und vieles ging nicht mehr so schnell wie früher. Zuerst verlor ich meine Stimme und konnte monatelang nicht sprechen. Beide Augen mussten operiert werden und eines ist jetzt völlig blind. Dann begann mein Gehör nachzulassen. Es schien, als würde ein Problem dem anderen auf den Fersen folgen.

Zum Glück können meine Frau und ich noch immer jeden Tag einige Kilometer spazieren gehen. Ich kann noch genug lesen und tippen, um meine Arbeit zu erledigen. Aber wie viele von uns sind wie ein Freund von mir, der behauptete: „Mein Körper altert, aber ich nicht!" Ich bin mir sicher, dass viele von uns nicht wahrhaben wollen, wie es wirklich um sie steht. Selbstverständlich ist es schwer, all das, was wir früher gerne gemacht haben, loszulassen. Es kann auch schwer sein zu akzeptieren, dass sich unsere Rolle in der Familie oder am Arbeitsplatz ändert und andere Menschen die Verantwortung übernehmen, die früher bei uns lag.

Der Vater von Lore Weber, mit der ich seit vielen Jahren befreundet bin, hat das selbst erlebt. Wilhelm Pressel war Studentenpfarrer in Tübingen (1931–1933), als der Nationalsozialismus um sich griff. Nach kurzer Zeit schon war ihm klar, dass er sich entscheiden musste, ob er für Jesus oder für Hitler predigen würde. Obwohl die neuen Machthaber während seiner darauffolgenden Tätigkeit in der württembergischen Kirchenleitung enormen Druck auf ihn und seine Familie ausübten, war und blieb er aktiv im sogenannten Kirchenkampf gegen die Nazidiktatur und wurde Mitglied in der „Bekennenden Kirche". Oft kam die Gestapo und holte ihn zu Verhören ab, und es war nie klar, ob der Vater wieder nach Hause kommen würde. Dennoch begann er noch vor Kriegsende zusammen mit Eugen Gerstenmaier, dem späteren

Bundestagspräsidenten, eine großangelegte Versorgung mit Hilfsgütern aus dem „feindlichen Ausland“ zu planen, die nach dem Zusammenbruch des Deutschen Reiches sofort in Gang kam. So konnte die Zivilbevölkerung, vor allem aber die Flüchtlinge aus dem Osten sowie Kriegsheimkehrer und Kriegsversehrte in den ersten Jahren nach Kriegsende mit Nahrung, Kleidung und Unterkunft versorgt werden. Solche Kontaktaufnahme ins verfeindete Ausland galt als „Landesverrat“ und wäre mit dem Tod bestraft worden. Folglich musste dies alles äußerst geheim gehalten werden. Aber als praktizierender Christ sah er sich der Not eines totalen Zusammenbruchs der Versorgung, der abzusehen war, verpflichtet. In dem von ihm mitbegründeten „Evangelischen Hilfswerk Württemberg“ hatte er über die ersten Jahre der Not die leitende Funktion.

Als er alt wurde und es nicht mehr so leicht war, selbständig zu leben, zog er mit seiner Frau in ein Altenheim. Plötzlich musste er erfahren, wie es ist, wenn man nicht mehr gebraucht wird. Niemand schien seine Hilfe oder Erfahrung mehr zu benötigen. Einige Jahre später wurde Wilhelm pflegebedürftig und wurde innerhalb des Heims in eine Pflegeabteilung verlegt, ohne dass seine Frau mit ihm dort einziehen konnte. Er litt zunehmend unter der Einsamkeit und auch darunter, keine Aufgabe mehr zu haben. Aber er ließ sich davon nicht unterkriegen. Weiterhin konnte er hoffnungsvoll und getrost seinem Lebensende entgegen gehen und in seinem lebenslang geprüften Gottvertrauen fest bleiben. Es wird von ihm erzählt, dass er mit einem ebenfalls schon sehr alten Pfarrersfreund vereinbart hatte: Wer von uns beiden zuerst stirbt, wird von dem anderen beerdigt.

Wenn ich darüber nachdenke, wie ein Mensch in dieser Lage weiterhin mutig und hoffnungsvoll sein kann, fällt mir ein, was Lore über ihre Kindheit erzählt:

> Ich hatte eine glückliche Kindheit. Das ist gar nicht so selbstverständlich, wenn man an die Umstände denkt: Als der Zweite Weltkrieg 1945 zu Ende ging, hatte ich schon über die Hälfte meines 9-jährigen Lebens im Krieg verbracht. Meine Familie war von der Gestapo terrorisiert worden. Und weil mein ältester Bruder, der bereits in der Hitlerjugend verpflichtet war und dort politisch indoktriniert wurde – wie alle seiner Altersgenossen – die Haltung meiner Eltern gegen Hitler

nicht verstehen konnte, gab es einen Spalt in unserer Familie, der erst viel später wieder heilen würde. Denn um die Familie nicht zu gefährden, konnten unsere Eltern nicht mehr offen vor und mit uns Kindern über ihre politische Einstellung sprechen. Als ich sechs Jahre alt war, wurden wir kleineren Geschwister für zwei Jahre (1943–1945) von unseren Eltern getrennt und aufs Land geschafft, um nicht den ständigen Luftangriffen auf Stuttgart ausgesetzt zu sein. Das war eine landesweite Maßnahme zur Rettung von Kindern aus bombardierten Großstädten. Eigentlich waren also alle Voraussetzungen geschaffen für eine unglückliche, traumatische Kindheit. Dennoch empfinde ich meine Kindheit als „glücklich", denn ich bin in der Geborgenheit eines anhaltenden Gottvertrauens meiner betenden Eltern aufgewachsen. Man könnte sagen, dass ich passive Gebetserfahrung hatte. Wenn ein Gebet echt ist, man also etwas in Gottes Hand legt mit dem ehrlichen Vertrauen, dass er es zum Besten wenden wird, dann hat dieses Gebet Auswirkungen in die materielle Welt hinein – und viel mehr noch in die Seele eines Kindes.

Dieser Glaube, der einem Kind durch Krieg und Trennung hindurch Geborgenheit gegeben hatte, war auch dem Vater selbst ein fester Halt. Auch als Alter und

Pflegebedürftigkeit sein soziales Leben praktisch zum Erliegen gebracht hatten und er aller Verantwortung enthoben war, blieb eine Beziehung und eine Aufgabe bestehen: Das Gebet zu Gott. Schon als junger Soldat im Ersten Weltkrieg und später als Familienvater hatte er erlebt, wie wichtig das Gebet war, und nun, da sein Leben dem Ende zuging, wusste er, dass er noch immer dieselbe Verantwortung für seine Mitmenschen trug. In dieser immer zentraler werdenden Beziehung zu Gott konnte er auch dem Ende seines Lebens getrost entgegensehen.

Aber angesichts der Widrigkeiten, die das Alter mit sich bringt, ist auch Humor wichtiger, als wir oft denken. Ein einziges Lachen kann den Tag unserer Mitmenschen aufhellen, gerade derer, die glauben, dass sie mit viel zu wichtigen Dingen beschäftigt sind, um Zeit für Scherze zu haben. Manchmal bleibt einem nichts anderes übrig als zu lachen, zum Beispiel wenn man schon wieder vergessen hat, wie das Gegenüber heißt oder wo man die Schlüssel hingelegt hat. Mein Arzt, der älter ist als ich, hat mir einmal erzählt: „Meine Freunde laufen heute alle schneller. Sie reden auch schneller und leiser. Außerdem sehen sie irgendwie verschwommener aus. Alles ist anders! Oder liegt's vielleicht an mir?" Pete Seeger, mit dem ich seit den 1960er Jahren befreundet war, hat gesungen:

> Das Alter wird golden, so hatte ich gehofft,
> Doch wenn ich ins Bett krieche, frage ich mich oft,
> Im Becher die Zähne, in der Schublade die Ohren,
> Auf dem Nachttisch die Augen –
>   bis zum nächsten Morgen.

Der Verlust von Mobilität ist da schon weniger lustig. Zuerst brauchen wir vielleicht einen Stock, dann einen Rollator, schließlich einen Rollstuhl. Am Ende sind wir womöglich bettlägerig. All das nagt an unserer Unabhängigkeit und wir müssen feststellen, dass Handlungen, die uns einmal leicht gefallen sind, jetzt mühsam und beschwerlich sind. Kein Wunder, dass man auf manchen Autos den Aufkleber sieht: „Altsein ist nichts für Feiglinge."

Aber es gibt Aspekte des Alterns, die noch schwerer zu ertragen sind: Der Ehepartner stirbt oder man beginnt, vergesslich zu werden und fragt sich, ob dies der Beginn einer Demenz ist. Oder eine plötzliche Krankheit konfrontiert uns mit der eigenen Sterblichkeit.

Diese Ängste sind sehr real, ich habe sie persönlich durchlebt.

Oft bedauern wir Dinge, die in der Vergangenheit geschehen sind. Vielleicht quält uns der Gedanke, in unserem Beruf keinen rechten Erfolg gehabt zu haben, nicht so viel verdient oder es nicht so weit gebracht zu haben, wie wir gehofft hatten. Vielleicht wünschen wir uns im Nachhinein, wir hätten unsere Kinder anders erzogen. Ich empfinde immer wieder, dass ich viele Gelegenheiten verpasst habe, anderen Menschen Liebe zu zeigen.

Solchen Gedanken nachzuhängen führt aber nur zu Bitterkeit und trennt uns von unseren Mitmenschen. Ist es nicht besser, Gottes Gnade für all das anzunehmen, was in unserem Leben schief gelaufen ist oder uns belastet, so dass wir uns dann der Zukunft zuwenden können? Hierin liegt vielleicht auch das Geheimnis, wie man aus den verbleibenden Lebensjahren doch noch das Beste machen kann: Anstatt sich mit dem zu beschäftigen, was man bedauert, kann man Gott für das Leben danken, das man leben durfte. Meister Eckhart hat einmal gesagt, dass mit fortschreitendem Alter irgendwann nur noch ein einziger Ausdruck in unserem Wortschatz sein sollte: „Danke.“ Es ist nicht leicht, sich zu einer solchen Dankbarkeit durchzuringen. Wenn uns dies jedoch gelingt, dann merken wir, dass gerade eine spannende Phase unseres Lebens beginnt, in der wir immer noch auf unsere Weise zum Wohl der Menschheit beitragen können.

Leslie, eine alleinstehende, fünfundsechzigjährige Frau in meiner Gemeinde, ist seit ihrer Jugend blind. Sie hat einen Weg gefunden, mit den zusätzlichen Schwierigkeiten des Älterwerdens umzugehen, ohne dagegen zu rebellieren.

> Alt zu sein ist ein Segen für mich. Gottes Gnade und seine Weisheit haben mir ein friedlicheres Leben gezeigt. Und ich sehe auch, dass mein Altsein ein Geschenk an die Menschen sein kann, die jetzt jung sind. Wer hat noch nie bemerkt, wie kleine Kinder sich zu älteren Menschen hingezogen fühlen? Ist das nicht Teil von Gottes Plan?
>
> Wenn ich einmal sterbe, dann hoffe ich, dass es als Geschenk an diejenigen gesehen wird, die ängstlich und verwirrt sind, weil ihr eigenes Leben dem Ende entgegengeht. Mir kam der Tod immer wie ein dunkles, geheimnisvolles Tal der Umwandlung vor,

das man am besten weiträumig meidet. Aber seit ich vor etwa fünfzehn Jahren zum christlichen Glauben gefunden habe, ist die Ewigkeit für mich zu etwas Realem geworden und ich habe viel weniger Angst vor dem Tod. Ich erwarte die Verheißungen des Herrn und kann ehrlich fragen: „Tod, wo ist dein Stachel?"

Es gibt immer noch Dinge in meinem Leben, die ich bedauere. Mein Leben war nicht leicht. Ich bin in einem chaotischen Umfeld aufgewachsen, inmitten von Alkohol, Gewalt und Vernachlässigung. Aber indem ich Sozialarbeiterin wurde und gelernt habe, Menschen zu helfen, mit denen sonst niemand etwas zu tun haben wollte, konnte ich über meinen Schatten springen. Einige meiner Klienten hatten noch mehr Angst vor dem Tod als ich. Jetzt lebe ich mit anderen Christen zusammen, und weil Angst und Misstrauen langsam dahinschmelzen und durch Akzeptanz und Liebe ersetzt werden, finde ich einen inneren Frieden.

Wie kann ich als älterer Mensch lernen, Gottes Willen anzunehmen? Mir ist dabei am Wichtigsten, anderen zu helfen und nicht nur an mich selbst zu denken. Wer diese Gelegenheiten verpasst, sich nur um sich selbst dreht und andere Menschen aus den Augen verliert, wird verbittert und feindselig. Vor allem müssen wir lernen, Verletzungen zu vergeben, die uns andere zugefügt haben. Wer vergeben kann, wird Befreiung finden und unzählige Möglichkeiten sehen, sich positiv einzubringen.

Viele Menschen im Ruhestand haben eigentlich genügend Zeit, sich für ihre Mitmenschen zu engagieren. Leider sehen viele diese Lebensphase, als sei es nun an der Zeit, sich die eigenen Wünsche zu erfüllen. Oder es graust ihnen davor, weil sie öde, leere Jahre vor sich sehen. Ohne Zweifel ist es eine einschneidende Veränderung; beispielsweise zu lernen, mit dem Ehepartner ganz neu zusammenzuleben, nachdem man jahrelang die meiste Zeit des Tages außer Haus verbracht hat. Manche vermissen die Verantwortung und den Einfluss, den sie durch ihre Arbeit hatten. Andere sehnen sich einfach danach, beschäftigt zu sein. Wenn wir jedoch etwas finden, für das wir leben können, eine Aufgabe, die Engagement und Arbeit verlangt, dann wird es immer einen Grund geben, morgens aufzustehen! In den letzten Jahren habe ich persönlich zum Beispiel viel Erfüllung darin gefunden, mit Schülern und Studenten auf Veranstaltungen über

Vergebung und Versöhnung zu sprechen.

Um anderen zu dienen, muss man nicht körperlich fit sein. Peter Cavanna, ein inzwischen verstorbener Freund von mir, der mehrere Sprachen fließend beherrschte, war in seinen Mittachtzigern. Seit Jahren besuchte er jede Woche die Insassen eines Gefängnisses. Wenn sie verlegt wurden, blieb er im Briefkontakt mit ihnen. Schließlich schrieb er sich in verschiedenen Sprachen mit fast vierzig Männern. Peters Briefe waren nicht nur eine Ermutigung für die Inhaftierten, was diese oft zum Ausdruck brachten, sondern sie brachten auch Sinn und Erfüllung in sein eigenes Leben. Oft erzählte er davon, wie es seinen Brieffreunden ging.

Jeder kann Erfüllung finden. Es ist wichtig, jeden Tag Dank zu sagen für etwas, das schön ist. Vielleicht ist es ein Sonnenaufgang, der Gesang eines Vogels oder das Lachen eines Kindes. Vielleicht braucht eine Pflanze auf dem Fensterbrett meine Hilfe oder ein Vogelhäuschen muss aufgefüllt werden? Ich möchte keine Gelegenheit verpassen, zu lächeln oder ein freundliches Wort zu sagen, sei es einem Freund, einem Fremden oder meiner eigenen Frau. Wenn wir noch lesen können, dann haben wir vielleicht endlich Zeit für ein paar Klassiker. Oder wir haben die Muße, Werke wie zum Beispiel die von Bach oder Händel, die mir immer besonders gut gefallen haben, in Ruhe anzuhören.

Es hat mir immer Freude gemacht, mich mit Familie und Freunden zu einem guten Essen oder einem kalten Bier zu treffen. Was könnte besser sein, als mit anderen unser Brot zu brechen? Wie Jesus gesagt hat: „Wo zwei oder drei in meinem Namen beisammen sind, da bin ich mitten unter ihnen" (Matthäus 18,20). Alles, was zum Miteinander führt, bereichert unser Leben.

Natürlich braucht es Zeit, bis Gemeinschaft entsteht. Auch hier habe ich in meinem Alter etwas dazugelernt: Ich brauche nicht mehr ständig von einem Termin zum nächsten zu eilen, sondern kann Zeit mit meiner Frau, meinen Kindern, mit meinen Enkeln und anderen Kindern aus der Nachbarschaft verbringen. Auch allein verbrachte Zeit ist wertvoll. Es tut Seele und Körper gut, still und in der Natur zu sein, um die Schönheit von Gottes Schöpfung zu genießen. Manchmal ist „Sein" wichtiger als „Tun".

Josua Dreher, ein Cousin meiner Frau, ist ein gutes Beispiel für einen Menschen, der trotz vieler

Schwierigkeiten in seinem Leben Erfüllung darin gefunden hat, am Ende seines Lebens einfach zu „sein". Wir sind zusammen in Paraguay aufgewachsen. Es war spannend, im Dschungel zu leben, auch wenn es nicht immer leicht war. Als Josua ein Teenager war, starb seine Mutter völlig unerwartet und ließ neun Kinder zurück. Dieses Erlebnis hat ihn tief geprägt.

Ein paar Jahre später zog Josua in die USA um. Er lernte eine junge Frau kennen und verlobte sich mit ihr. Aber wenige Tage vor der Hochzeit brach er die Verlobung ab und kehrte nach Paraguay zurück, ohne sich von seiner Verlobten oder seinen Freunden zu verabschieden.

Später erfuhren wir, dass er Cowboy geworden war und irgendwo im Hinterland von Paraguay lebte. Dort heiratete er eine paraguayische Frau und gründete eine Familie. Dann schlug das Schicksal erneut zu: Ihr erster Sohn starb als Säugling, aber Josua und seine Frau lebten tapfer weiter, bis ihr zweiter Sohn im Alter von zweiundzwanzig Jahren an Krebs starb. Seine Frau starb ein Jahr später. Der Tod der Kinder hatte ihr buchstäblich das Herz gebrochen.

Josua wusste, dass mit seinem Leben etwas nicht in Ordnung war. Er fing an, nach einer Lösung und nach innerem Frieden zu suchen, und fast vierzig Jahre nach seiner überstürzten Abreise kehrte er in die USA zurück. Nach seiner Ankunft machte er sich sofort daran, Frieden zu schließen mit den vielen Menschen, die er mit seinem abrupten Weggang damals verletzt hatte.

Das Bemerkenswerte ist, dass Josua nicht lange mit seinen alten Fehlern und den schrecklichen Unglücksfällen, die ihn heimgesucht hatten, haderte, sondern immer wieder seine Dankbarkeit für all das, was das Leben ihm geschenkt hatte, zum Ausdruck brachte. Er fing an, nachmittags für Schüler Kurse in Holz- und Lederverarbeitung anzubieten und so seine jahrelange Erfahrung weiterzugeben. Josua hatte ein großes Herz für Kinder und brachte ihnen bei, die Schönheit und Wunder der Natur zu sehen und Respekt für Gottes Schöpfung zu entwickeln.

Kurz danach wurde bei ihm Krebs diagnostiziert. Aber ein schweres Leben in einem rauen Land hatte ihn abgehärtet und er konnte leiden, ohne zu klagen. Er lebte vollkommen im Augenblick, ohne sich über die Vergangenheit zu grämen oder vor der Zukunft zu fürchten. Als er schon bettlägerig war, kamen auch weiterhin Kindergruppen zu Besuch und brachten ihre selbstgemalten Bilder und selbstgepflückten Blumensträuße. Als das Ende seines Lebens näher kam, strahlte sein Gesicht nicht Bitterkeit, sondern Dankbarkeit aus. Es war das Gesicht eines Mannes, der mit seinem Schöpfer im Frieden war.

Wir alle müssen Wege finden, mit den Karten zu spielen, die das Leben uns ausgeteilt hat. Körperliches Leid und zerbrochene Beziehungen können Heilung finden, wenn wir uns anderen Menschen zuwenden. Alice von Hildebrand, eine ehemalige Philosophieprofessorin, ist inzwischen über neunzig Jahre alt. Sie hat etwas gefunden, das ihrem Leben Sinn verleiht, und dadurch fällt es ihr leichter, alt zu werden:

> Als ich noch an der Universität gelehrt habe, bin ich immer mit der U-Bahn gefahren und habe mir die Gesichter angeschaut: Langeweile, Hoffnungslosigkeit, Trauer. Und das in einem der reichsten Länder der Welt!
>
> Aber wenn wir mit Gott in Kontakt treten, ihm für unser Dasein danken, für seine Liebe und dafür,

dass er unser Heiland ist, können wir auch mit anderen Menschen schöne, bedeutungsvolle Beziehungen aufbauen. Wir wollen einander helfen, weil wir begreifen, dass der Sinn des Lebens nicht darin liegt, Luxus und Spaß zu haben. Wer eine solche Freude ausstrahlt, wird auch andere neugierig machen, die sich vielleicht für den Grund interessieren. Dann können wir einfach erzählen, ohne zu predigen oder uns über den anderen zu stellen. Schließlich ist es genau das, was „Evangelium" bedeutet: Frohe Botschaft.

Das ist alles, was wir tun können. Natürlich gibt es Augenblicke, wo alles finster und hoffnungslos scheint. Es gibt Momente, in denen wir die Schönheit des Himmels nicht sehen, weil sie von Wolken verdeckt wird. Aber eines Tages werden sich die Wolken verzogen haben. Wir sind dafür geschaffen, Freude zu haben. Nicht, dass wir das Paradies auf Erden erwarten, aber es gibt einen Sinn im Leben, und dieser Sinn ist die Liebe Gottes.

Jeder von uns kann diesen Sinn in seinem eigenen Leben finden, und in dem Maße, in dem uns das gelingt, werden wir auch Kraft und Gnade finden, um die Veränderungen zu akzeptieren, die das Alter mit sich bringt.

Alice von Hildebrand
„Wir sind für die Freude geschaffen."

3

Einsamkeit bekämpfen

SOGAR DIEJENIGEN von uns, die oberflächlich betrachtet eine traumhafte Seniorenzeit verleben, werden zugeben, dass auch sie mit Gefühlen von Leere und Einsamkeit zu kämpfen haben. Viele ältere Menschen sind fast jeden Abend alleine zu Hause oder wohnen alleine in einem Seniorenwohnheim, finanziell unterstützt von ihren Kindern, die selbst aber weit entfernt leben. Auch unter den Lesern dieses Buches werden sich viele in einer solchen oder ähnlichen Situation befinden.

Jeder von uns wünscht sich Gesellschaft, jeder möchte das, was er hat und erlebt, mit anderen teilen. Gott hat uns als Gemeinschaftswesen geschaffen, nicht als Einzelgänger. Es ist egal, ob wir alt oder jung sind, gesund oder krank. Wir gehören zusammen, und dieses Zusammensein bringt Erfüllung. Dieses Wissen ist uns angeboren. Ich habe mit vielen Soldaten gesprochen, die sich immer wieder zu Auslandseinsätzen gemeldet haben, weil sie dieses Gefühl von Verbundenheit und Gemeinschaft mit ihren Kameraden erleben. Ehemalige Mitglieder von kriminellen Gangs in Großstädten haben mir erzählt, dass sie sich mit ihrer „Straßenfamilie" enger und mehr verbunden fühlen als mit ihrer leiblichen Familie. In Schulen gibt es immer wieder Lehrer, die für ihre Schüler eine Art Familie darstellen.

Bei der fortschreitenden Fragmentierung der Gesellschaft sind es oft die alten Menschen, die es am härtesten trifft. Sie sehnen sich nach Familie und Gemeinschaft. Meiner Erfahrung nach ist es gut, in gemeinschaftlichen Strukturen zu leben, wo wir nicht nur versorgt werden, sondern auch weiterhin zum Wohl aller beitragen und am Leben teilhaben können. Im Brief an die Galater wird uns gesagt, wir sollen „die Lasten des anderen tragen und so das Gesetz Christi erfüllen" (Galater 6,2). Das bedeutet, die Hungrigen zu speisen, die Nackten zu kleiden und die Kranken zu pflegen.

Ken Johnson ist ein Arzt im Ruhestand. In seinem aktiven Berufsleben hat er viele Jahre im Ausland gearbeitet, bevor er in sein Heimatland USA zurückgekehrt ist. Dort hat er mehrere Organisationen gegründet, die Menschen im Alter zur Seite stehen.

Das Alter sollte kein Rückzug aus der Gesellschaft sein, aber ältere Menschen tragen manchmal selbst zu dem Eindruck bei, sie seien nutzlos. Anstatt sich auf ein ruhigeres, aber immer noch sinnvolles Leben zu freuen und anderen Menschen zu helfen, beschleunigen viele den Alterungsprozess, indem sie sich ausschließlich mit anderen Senioren umgeben, stundenlang vor dem Fernseher sitzen und essen, nur noch schnell die Schlagzeilen der Boulevardzeitungen überfliegen und all die Pillen schlucken, die ihnen ihre vielen Ärzte verschreiben. Für viele führt dieser Weg in die Depression oder in die Alkoholabhängigkeit.

Es gibt überall sehr alte, behinderte Menschen, die alleine zu Hause leben, ohne die familiäre, finanzielle oder soziale Unterstützung zu haben, die sie eigentlich bräuchten. Ihre Kinder leben zu weit entfernt oder haben keinen Wohnraum, der geeignet wäre, um ihren Vater oder ihre Mutter bei sich aufzunehmen. Wer aber in Würde alt werden möchte, ist sehr stark auf die Drei-Generationen-Familie angewiesen – oder darauf, dass Nachbarn und Gemeinde bereit sind, die Rolle der Familie zu übernehmen.

Um diesen Problemen zu begegnen, stellte ich mir vor, dass christliche Kirchen, Moscheen, buddhistische Tempel usw. jeweils vor Ort religionsübergreifend zusammenarbeiten und Freiwillige ausbilden – von denen viele selbst schon älter sind. Diese Menschen könnten denen helfen, die stärker eingeschränkt sind und keine ausreichende Unterstützung bekommen. Auf diese Weise können sie auch ihren Glauben ausleben. Alle großen Religionen dieser Welt fordern ihre Gläubigen auf, die Not der Bedürftigen zu lindern.

Bei uns unterstützen ehrenamtliche Helfer Menschen bei ihren alltäglichen Aufgaben: Post beantworten, Stromrechnungen bezahlen und dafür sorgen, dass genug Essen im Kühlschrank ist. Die Helfer blühen auf bei einfachen Aufgaben wie zum Beispiel jemanden zum Arzt fahren, kleinere Reparaturen an Treppen und Geländern ausführen oder einfach eine Glühbirne auswechseln.

Diejenigen, denen geholfen wurde, fühlten sich nicht mehr so verlassen und wertlos. Die Hilfe, die sie erfahren haben, hat ihre Würde wiederhergestellt. Sie konnten für ihre Körperhygiene sorgen; Frisur und Kleidung waren ordentlich. Sie waren wieder jemand, weil jemand anderes sich um ihr Wohlergehen kümmerte. Manche hatten ein Misstrauen gegenüber öffentlichen Sozialarbeitern, aber sie vertrauten und freuten sich auf „die Leute von der Kirche."

Einer der Ehrenamtlichen hat mir mal geschrieben, dass er früher seine Tage unter anderem damit verbracht hatte, seine Enkel zu besuchen. Dann fing er an, Bedürftigen zu helfen. Er war auch vorher zufrieden gewesen, aber freiwilliger Helfer zu sein, hat sein Selbstbewusstsein deutlich gestärkt, „weil mich jetzt jemand wirklich braucht."

Die Erfolge dieses Hilfsprogramms waren enorm, auch wenn keine „gewaltigen Taten" vollbracht wurden. Es waren alles kleine, aber wichtige Dienste, die aus Liebe zum Mitmenschen getan wurden. Menschen aller Berufszweige können jahrelang edle Taten vollbringen, sie können berühmt und einflussreich werden und viele Freunde haben, aber wenn sie alt geworden sind, geraten auch sie schnell in Vergessenheit. Gott misst den Wert eines Menschen mit einem anderen Maß. Wenn wir älter werden, sollten wir überdenken, wie wir die Leistungen anderer wertschätzen. Wir müssen nicht herausragend sein und mit unseren Verdiensten vor anderen prahlen.

Charlie Simmons hat als alter Mann neues Glück in den kleinen Dingen des Lebens gefunden. Sein Beitrag zur Gesellschaft war zwar nie groß, aber wichtig. Nachdem er sein ganzes Leben in der Großstadt gelebt und Busse und Lastwagen gefahren hatte, war er nun aufs Land gezogen. Als seine Frau Margrit starb, fing er an, unsere Gemeinde zu besuchen und an Mahlzeiten und Gottesdiensten teilzunehmen.

Schon nach kurzer Zeit fühlte sich Charlie bei uns wie zu Hause. Er ließ keine Gelegenheit ungenutzt, um Leute auf den Frieden und das Glück hinzuweisen, das er in seinem einfachen und kindlichen Glauben gefunden hatte. Er war jemand, der merkte, wenn ein anderer einen schlechten Tag hatte. Oft behauptete er, ein unauffälliger Mensch zu sein – allerdings mit einem breiten Lachen, denn er wusste sehr wohl, wie weit das von der Wahrheit entfernt war: Er war fast zwei Meter groß, und wenn er etwas zu sagen hatte, wurde es mit lauter Stimme verkündet. Nicht leiden konnte er, wenn Leute flüsterten. Er selbst hatte keinerlei

Hemmungen, anderen in voller Lautstärke zu sagen, was er über sie dachte, wie etwa „Du kannst aber klasse singen" oder „Für dein Alter siehst du noch gut aus" oder auch „Hey, hast du etwa abgenommen?"

Er liebte es, Geschichten zu erzählen, zum Beispiel wie er bei einem Wettessen vierunddreißig Pfannkuchen gegessen hatte und sie auf dem Heimweg hinter einem Baum „abladen" musste. (Seiner Darstellung zufolge soll dieser Baum daraufhin unglaublich gut gediehen sein.) Oder wie er in der Kirche eingeschlafen war, während die Kollekte eingesammelt wurde und der Scheck, den er für diesen Zweck schon geschrieben hatte, aus seiner Tasche genommen und auf den Teller gelegt wurde. Aber wirklich in seinem Element war er, wenn er sich um andere kümmerte und ihnen zum Geburtstag oder zu einem Jubiläum Blumen, Eis oder Äpfel mitbrachte.

Charlie hatte eine tiefe Liebe zu Jesus. Nachdem er angefangen hatte, unsere Gemeinde zu besuchen, habe ich mehrere Male mit ihm über Erwachsenentaufe und die Vergebung der Sünden gesprochen. Er hatte auch nie Angst davor, Zeugnis für Jesus abzulegen. In unseren Gottesdiensten hörte man oft sein lautes

„Amen!“ während der Predigt, und immer wenn wir sangen, ertönte am Ende jedes Liedes unweigerlich sein lautes „Halleluja!“.

Von Charlie habe ich gelernt, wie einfach es sein kann, sich gegen Einsamkeit und Depression zu wehren. Die Möglichkeiten sind endlos. Gibt es ein Kind in der Nachbarschaft, das etwas Aufmerksamkeit braucht? Warum nicht die Eltern anrufen und fragen, ob es nach der Schule vorbeikommen darf? Man kann miteinander Schach spielen, ein Buch vorlesen (oder vorgelesen bekommen) oder bei den Hausaufgaben helfen. Oder vielleicht braucht ein Nachbar jemanden, der ihn zu einem Arzttermin fährt? Manchmal braucht jemand eine Postkarte zum Geburtstag, die ihm zeigt, dass ein anderer an ihn gedacht hat. Nur wenn wir die alten Maßstäbe anlegen, mit denen wir früher unseren Selbstwert gemessen haben, kommen wir uns im Vergleich schwach und unnütz vor.

Manche von uns zögern, sich mehr auf andere zu verlassen, weil wir ihnen nicht zur Last fallen wollen. Für Charlie mit seiner kontaktfreudigen und geselligen Natur war das kein Problem. Aber nicht alle Menschen haben dieses Selbstvertrauen. Der eine kriegt von seiner Familie signalisiert, dass er eine Bürde ist, der andere wurde vielleicht aus Arbeitsstelle oder Ehrenamt entlassen, obwohl er sich den Aufgaben durchaus noch gewachsen fühlte. Ich kenne Leute, die sehr geliebt und umsorgt werden, sich aber trotzdem wie eine Last vorkommen, weil alles für sie getan werden muss. Solche Schuldgefühle sind real, aber nicht unüberwindlich, wenn wir nur die Demut haben, unsere neue Situation zu akzeptieren und uns ihr zu öffnen.

Charles Sinay erlebte das, als er durch Krankheit eine Fähigkeit nach der anderen verlor. Nachdem er sein Leben lang andere Menschen unterrichtet und ihnen geholfen hatte, musste er lernen, selbst Hilfe anzunehmen. Um diese Hilfe zu bekommen, musste er in Gemeinschaft mit anderen Menschen leben. Anfangs fiel ihm das sehr schwer, er fühlte sich nutzlos und war depressiv, aber im Laufe der Zeit fand er neue Freude am Leben.

Charles hatte schon immer Sprachen geliebt. Nachdem er studiert hatte, ging er nach Korea, Japan, Mittelamerika und auf verschiedene Inseln im Pazifik, um Englisch zu unterrichten. Trotz seiner

Leidenschaft für Sprachen galt seine eigentliche Liebe den vielen Kindern, die er im Laufe der Jahre unterrichtet hatte. Dabei hatte er sich jedoch seine Gesundheit ruiniert, denn er hatte die Angewohnheit, sich mit dem Ellbogen auf den Schreibtischen der Kinder aufzustützen, während er ihnen ihre Fragen beantwortete und ihnen weiterhalf. Es entwickelte sich eine Schleimbeutelentzündung, die sich später auf Herz und Lungen ausbreitete und ihn zwang, sich intensivmedizinisch behandeln zu lassen.

Als seine Gesundheit zu versagen begann, kam Charles mit meiner Gemeinde in Kontakt und bat darum, zur Vergebung seiner Sünden getauft zu werden. Er war auf seine Weise ein tiefgläubiger Mensch, der sich über die Untätigkeit der Kirchen angesichts der Ungerechtigkeit in der Welt empörte. Außerdem fühlte er sich immer mehr zu einem Leben in christlicher Gemeinschaft hingezogen. Er wollte so leben, wie es in den ersten Kapiteln der Apostelgeschichte beschrieben ist.

Ein Ehepaar aus unserer Gemeinde besuchte ihn im Krankenhaus und verbrachte mehrere Tage damit, sich mit ihm über die wichtigsten Grundsätze des Glaubens auszutauschen: Reue über begangene Sünden, Beichte und die Freiheit, die durch die Vergebung kommt. Charles merkte, dass er seinem autoritären Vater, der mit tiefen seelischen Verletzungen aus dem Koreakrieg heimgekehrt war, wesentlich mehr Mitgefühl und Verständnis entgegenbringen musste. Er empfand es auch als eine persönliche Schuld, in den schwierigsten Momenten am Sinn seines Lebens gezweifelt zu haben.

Einige Tage später wurde Charles getauft. Im Krankenhauszimmer dieses schwerkranken Mannes wurden die Worte Jesu Wirklichkeit: „Nicht die Gesunden brauchen einen Arzt, sondern die Kranken... Denn ich bin nicht gekommen, um die Gerechten zu rufen, sondern die Sünder" (Matthäus 9,12–13).

Es kam dann der Tag, an dem sich Charles entschloss, in der gleichen christlichen Gemeinschaft zu leben, in der ich als Seelsorger tätig bin. Zunächst war er etwas davon überwältigt, plötzlich Teil einer Umgebung voller Menschen und Aktivität zu sein, denn er hatte vorher wesentlich ruhiger und kontemplativer gelebt. Aber selbst wenn er manchmal etwas eigenbrötlerisch und abweisend war, verstand er doch die

Wichtigkeit, von anderen Gläubigen umgeben zu sein, um sich in Zeiten der Schwäche und Unsicherheit gegenseitig helfen zu können. Einige Monate später erzählte er uns:

> Manchmal fühle ich mich durch meine Sünden so schwer belastet, dass ich mir Seele und Hirn zermartere und mir alle möglichen Entschuldigungen ausdenke. Das ist dann wie eine lindernde Salbe auf der offenen Wunde. Aber am meisten hilft mir ein Psalmvers, der mir schon viele Jahre lang immer wieder Trost gespendet hat. Da steht einfach: „Seid still und erkennt, dass ich Gott bin." Wenn ich zu einer inneren Stille finde, höre ich auf, mich wie ein Ertrinkender an Dingen festzuklammern, dann kann ich loslassen und zulassen, dass ich versinke – und dann stelle ich fest, dass ich gerettet bin, entweder direkt durch Gott, oder durch einen Menschen, den Gott geschickt hat.
>
> Ich bin schon seit einigen Jahren auf der Suche nach irgendeiner Art von Gemeinschaft gewesen. Aber nachdem ich krank geworden war, galt meine Sorge eher mir selbst als der wirklichen Suche nach Gemeinschaft. Ich hatte es einfach satt, dauernd ins Krankenhaus zu müssen, Sauerstoff und Medikamente zu benötigen und nicht tun zu können, was ich sonst

immer getan habe. Eines Tages dann wurde ich im Krankenhaus abgeholt und wir sind zusammen hierher gefahren. Aber ich habe immer noch nicht wirklich nach Gemeinschaft gesucht. Ich habe nur nach einem Ort gesucht, an dem ich meinen Frieden mit Gott machen und sterben kann.

Nachdem ich hier angekommen war und ein paar Wochen mit all den anderen um mich herum gelebt hatte, hat sich einiges in mir angefangen zu verändern.

Zuerst wollte ich diese Veränderungen nicht, und die Leute um mich herum gingen mir auf die Nerven.

Ich wollte immer noch an meinem Plan festhalten: Frieden mit Gott schließen und dann sterben, denn ich konnte so vieles von dem, was mir früher Freude bereitet hatte, nicht mehr tun.

Aber irgendwann wollte ich den anderen nicht mehr absichtlich mit Abwehr und Zurückweisung begegnen. Ich möchte einfach alle deswegen um Verzeihung bitten. Es gibt Dinge, die ich nicht mehr kann, aber ich habe gelernt, dass es so viele neue Dinge gibt, die ich stattdessen tun kann. Wenn es in meinem Leben jemals eine Zeit gegeben hat, in der es mir leichter gefallen ist, das Antlitz Jesu in den Menschen um mich herum zu entdecken, dann hier. Ich möchte so lange leben wie möglich.

Charles' Geschichte zeigt, wie wichtig Nachbarn und Gemeinschaft sind. Egal wie kompetent oder unabhängig wir einmal waren – wenn wir merken, dass unsere Fähigkeiten und unsere Selbständigkeit abnimmt, können wir andere um Hilfe bitten. Dann werden wir den Sinn finden, den wir so verzweifelt brauchen.

Lore Weber

„Das Gottvertrauen, das von einem alten Menschen ausgeht, kann jüngeren Menschen viel Sicherheit geben.“

4

Sinn finden

Die meisten Menschen suchen nach dem Sinn ihres Älterwerdens und wollen noch bestehende Konflikte ins Reine bringen. Viele fragen sich, wie sie ihre letzten Lebensjahre angenehmer oder unterhaltsamer gestalten können. Sollte man nicht eher fragen: „Wie kann Gott meine letzten Tage für seine Ziele nutzen?"

Wahrscheinlich kann Gott uns am besten gebrauchen, wenn wir uns im Geben üben, anstatt zu nehmen. Das Alter bietet viele einzigartige Möglichkeiten, anderen etwas zu geben – unabhängig von den Umständen, in denen wir leben. Ich habe unzählige Male gesehen, wie Menschen meines Alters wichtige Aufgaben übernommen haben. Ich denke zum Beispiel an die vielen Großmütter, die Familien vor dem

Auseinanderbrechen bewahren, oder an all die Großväter, die sich als Ehrenamtliche einbringen. Sie verbringen viele Stunden in ihrer Kirche oder einem gemeinnützigen Verein. Sie kümmern sich um ihre Enkel, während ihre eigenen Kinder arbeiten müssen und ein Platz im Kindergarten oder Hort entweder nicht vorhanden oder unerschwinglich ist.

Die einfachen Dienste, die diese Menschen erbringen, sind unendlich wertvoll, und das nicht nur wirtschaftlich gesehen. Vieles von dem, was alte Menschen zur Gesellschaft beitragen, kann nicht in Euros und Cents gemessen werden. Gott fragt nicht: „Wie viel Geld hast du verdient?", „Wie erfolgreich warst du?" oder „Wie einflussreich warst du?" Was wirklich zählt ist Geben und Helfen.

Die meisten von uns haben genügend Zeit, also warum nicht an Kinder denken? Wir können es uns leisten, einem Kind Aufmerksamkeit zu schenken. Mit unserem Wissen in Geschichte oder auch in anderen Fächern können wir Kindern Nachhilfeunterricht geben. Meine eigenen Kinder haben sehr von solcher Hilfe profitiert, vor allem in Mathematik und Geschichte.

Für die Kinder selbst ist der Kontakt zu uns schon eine Bereicherung. Ohne dass wir es merken oder gar beabsichtigen, können wir zu Vorbildern werden. Solche Kontakte müssen nicht kompliziert sein: Meine Frau und ich haben die Erfahrung gemacht, dass ein offenes Ohr manchmal alles ist, was ein Mensch braucht. Aber warum nicht mehr machen, wenn es möglich ist: zum Beispiel Angeln gehen oder zusammen ein Fußballspiel oder Konzert besuchen. Hier kann sich eine Freundschaft entwickeln, die für das Kind sein ganzes Leben lang Bedeutung haben wird.

Der Apostel Paulus nennt als eine unserer Pflichten, dass wir Weisheit an die folgende Generation weitergeben:

> Die älteren Männer sollen nüchtern sein, achtbar, besonnen, stark im Glauben, in der Liebe, in der Ausdauer…Ebenso ermahne die jüngeren Männer, in allen Dingen besonnen zu sein. Gib selbst ein Beispiel durch gute Werke. Lehre die Wahrheit unverfälscht und mit Würde, mit gesunden, unanfechtbaren Worten; so werden unsere Gegner beschämt und können nichts Schlechtes über uns sagen. (Titus 2,2–8)

In den vergangenen Jahren habe ich mich bemüht, mehr Zeit mit meinen Enkelkindern zu verbringen, in der Hoffnung, dass es einen positiven Einfluss auf ihr Leben hat. Mit einigen habe ich für die Führerscheinprüfung gelernt. Die Zeit, die wir gemeinsam im Auto auf dem Übungsplatz verbracht haben, bot viele Gelegenheiten, sich auszutauschen – auch wenn es für meine Nerven manchmal ziemlich anstrengend war.

Als Tim, einer meiner Enkel, in der Mittelstufe war, luden meine Frau und ich ihn zu einem Morgenspaziergang ein. Ich wollte ihm helfen, selbständig denken zu lernen. Ich hatte die ganze Geschichte schon vergessen, als er ein Jahr darauf in seiner Schülerzeitung folgenden Artikel schrieb:

> Während unseres Spaziergangs begann Opa zu reden. Anfangs hörte sich alles sehr vernünftig an: „Weißt du, Tim, ich glaube es ist an der Zeit, dass du mit der Imkerei aufhörst. Es kostet deinen Vater eine Menge Zeit, viel Ertrag haben die Bienen nicht gebracht und es ist zu viel Arbeit für deine ganze Familie. Ich esse gerne Honig, aber wenn ich mir überlege, wie viel Geld, Arbeit und Zeit du investierst, denke ich, es lohnt sich nicht, selbst Honig herzustellen. Was meinst du dazu?"

Es war ein warmer Frühlingstag. Ich konnte die Bienen summen hören und den Asphalt riechen, nass vom morgendlichen Regen. „Na ja, mir haben Bienen immer Spaß gemacht. Der Honig ist auch gut. Und ich arbeite gerne mit meinem Vater zusammen. Hm. Ich weiß nicht."

Jetzt fing Opa an, sich aufzuregen: „Was soll das heißen, du weißt nicht? Streng dein Hirn an! Denk nach! Ich habe dir gerade etwas gesagt, womit du nicht einverstanden bist. Was sagst du nun dazu?"

Ich saß in der Klemme. Was sollte ich tun? Wer streitet sich denn schon gern mit seinem Großvater? Also blickte ich auf den Boden.

„Also, was hast du jetzt dazu zu sagen?"

Da fiel mir ein, dass ich mal etwas darüber gelesen hatte, wie wichtig Bienen für die Bestäubung von Pflanzen sind. „Opa, ich habe mal so einen Artikel gelesen. Wenn ich mich recht erinnere stand da, wenn niemand Bienen halten würde, würde die Welt in sieben Jahren untergehen. Das ist ein Argument, oder?"

Er war glücklich. „Meine Güte, das wusste ich gar nicht." Aber dann wurde er wieder ernst: „Hör zu, Tim, ich will dir sagen, warum ich dich wegen der Bienen gefragt habe. Du liest gerne, und das ist sehr gut so. Aber

Gott hat dir einen Kopf gegeben, und du wirst lernen müssen, wie man ihn benutzt. So etwas lernt man, indem man sich mit anderen unterhält. Vergiss das nicht!"

Ich habe es nicht vergessen. Wir sind weitergegangen und Opa redete sich langsam in Fahrt. Mit lauter Stimme verkündete er: „Ich glaube nicht einmal, dass es Gott war, der die Bienen erschaffen hat! Sie sind eine Erfindung des Teufels! Erkläre du mir mal, warum Gott etwas erschaffen würde, das einen Stachel hat!" Jetzt wurde ich doch etwas nervös, aber ich hörte Oma kichern und als ich zu Opa aufsah, sah ich ein belustigtes Funkeln in seinen Augen.

Solche Begegnungen sind wertvoll und auch für die Zukunft bedeutsam. Früheren Kulturen war das klarer, als es uns heute ist. Kent Nerburn erzählt von einem amerikanischen Ureinwohner, der sagt:

> Wer glaubt, das Leben sei wie eine gerade Linie, auf der die Alten und die Jungen schwach und die in der Mitte stark sind, und wer glaubt, dass man nützlich sein muss, um wichtig zu sein, der sieht nicht, wie wertvoll die Jungen und die Alten sind. Er wird sie als Belastung sehen, nicht als Gabe, weil sie nicht durch die Arbeit ihrer Hände zur Gemeinschaft beitragen.

Aber Junge und Alte haben andere Gaben. Die Alten haben die Weisheit der Erfahrung. Auf dem Weg des Lebens sind sie weit gereist, sie wissen, was auf uns zukommt. Was wir noch lernen werden, haben sie schon erlebt.

Verstehst du das, wie die Kinder ein Geschenk an die Alten sind und die Alten ein Geschenk an die Kinder? Wie sie den Kreis des Lebens vollständig machen, so wie der Morgen und der Abend den Kreis des Tages?

So hat es auch Lore Weber erlebt. Zusammen mit ihrem Mann Gerhard, einem Pfarrer, hatte sie eine neue Gemeindeform, eine Basisgemeinde gegründet – eine große Verantwortung und ein volles Programm: Zum einen die Arbeit in der Gemeinde selbst, dann Hilfe für Obdachlose und andere benachteiligte Menschen, politisches Engagement und nicht zuletzt die eigenen drei Kinder. Dann erkrankte Gerhard Weber an Krebs. Kurz bevor er mit 56 Jahren starb, bat er seine Familie und seine Gemeinde: „Bleibt jetzt nicht beim Tod stehen, bleibt nicht stecken in der Resignation! Geht den Weg weiter, auf dem wir zusammen aufgebrochen sind!" Mittlerweile sind fast zwanzig Jahre vergangen und Lore hat den gemeinsam angefangenen Weg weiter beschritten. Inzwischen sind viele ihrer Verantwortungen an jüngere Mitglieder der Gemeinde übergegangen. Die Kinder sind seit langem erwachsen und die eigenen Kräfte fangen an nachzulassen. Nach einer Zeit der inneren Suche wurde sich Lore klar darüber, dass ihre jetzige Aufgabe nicht mehr so sehr das aktive Gestalten ist wie in früheren Jahren, sondern vor allem das Gebet für andere Menschen:

> Der junge Mensch hat die Hände voller Arbeit und muss sich da bewähren, aber der alte Mensch ist nicht mehr so ins Tagesgeschäft eingebunden. Da wird Zeit frei, da kann der innere Horizont in dem Maße wachsen, in dem der Aktionsradius kleiner wird. Als ich eine junge Frau war, hat mir eine alte Bäuerin ihre Hände gezeigt, denen man viele Jahre schwerer Arbeit ansehen konnte. Sie sagte zu mir: „Diese Hände können nicht mehr arbeiten, aber sie können sich falten zum Gebet." Und es stimmt: Gebet ist nicht nur etwas Nettes, sondern eine echte Verantwortung. Es kann sogar mühselige Arbeit sein. Aber es gibt den Menschen Kraft und Hoffnung. Und Gott ist nicht nur für den Geist da. Er ist vor allem

der Schöpfer dieser Erde. Wenn wir ihn bitten, uns zu helfen und ehrlich darauf vertrauen, dass er sich der Situation annimmt und sie zum Besten wendet, dann können wir seine Hilfe auch materiell erfahren. Ich bete auch für Menschen, die zu schwach sind, um selbst zu beten. Denn das Gebet gibt zwar Kraft, es fordert aber auch Kraft. Als ich krank und schwach war, haben andere auch für mich gebetet. Wir alten Menschen haben das Privileg, dass wir mehr Zeit zum Beten haben.

Aber auch die größere Lebenserfahrung ist ein Schatz, der mit Jüngeren geteilt werden kann. Lore berichtet:

Die Gelassenheit wächst, man hat zunehmend Distanz zu all den Aufregungen des Alltags und wird weitherziger gegenüber den Schwächen der Mitmenschen. Natürlich hat das auch damit zu tun, dass man seine eigenen Schwächen mehr kennt. Hier brauchen die Jüngeren uns: Das Gottvertrauen, das von einem alten Menschen ausgeht, kann ihnen eine Sicherheit geben. Wenn die Bibel von alten Menschen spricht, dann meint sie nicht so sehr die Lebensdauer, sondern die Weisheit eines Menschen. Weisheit ist eine Gabe, die Dinge sieht und versteht, die man früher nicht verstanden hat.

Als Kind glaubte ich, alle Zeit der Welt zu haben. Als alter Mensch weiß ich, dass es so nicht ist. Als Schülerin war ich immer spät dran mit meinen Schularbeiten und musste dann bis spät in die Nacht hinein arbeiten, denn andere Tätigkeiten waren mir wichtiger als die lästigen Hausaufgaben. Meine Großmutter, eine weise Frau, sehr praktisch veranlagt und eine Beterin, versuchte mich dazu zu bringen, meine Zeit besser zu nutzen. Sie hat viel in der Bibel gelesen, vor allem in den Weisheitsbüchern des Alten Testaments. „Tag und Nacht gehören zur Schöpfung", hat sie mir immer wieder gesagt, „der Tag ist zum Arbeiten da, die Nacht zur Ruhe." Um mich dazu zu bringen, hat sie mir einen Groschen angeboten, wenn ich es schaffen würde, um zehn Uhr im Bett zu sein. Für einen Teenager war das damals nicht wenig Geld. Am Ende des Monats konnte sie nie fassen, wie leer mein Groschenkonto bei ihr war! Mir hat sie immer wieder aus dem Epheserbrief zitiert: „Kauft die Zeit aus!" Heute verstehe ich das: Zeit ist etwas sehr Kostbares. Irgendwann werde ich nicht mehr um Verzeihung bitten können und alte Lasten loswerden. So erlebe ich jetzt, dass ich beginne, die Zeit wirklich auszukaufen, die mir im Altwerden noch bleibt.

Gerade bei den vielen Schwierigkeiten, die im Laufe des Lebens auftreten, können wir den Jüngeren mit unserer Hilfe zur Seite stehen. In der Bibel fragt Hiob: „Findet man nicht bei den Greisen Weisheit und bei den Alten Verstand?" (Hiob 12,12). Die Jugend kann manchmal wie von einer Aura der Unbezwingbarkeit umgeben sein, die aber schnell verfliegt, wenn Träume platzen und Pläne fehlschlagen. Wenn junge Menschen ihren Lebensweg beginnen und die ersten Hindernisse auftauchen, können wir ihnen ermutigend zur Seite stehen. Vielleicht wollen sie es nicht immer glauben, aber wer viele Stürme durchlebt hat, besitzt auch viel Weisheit.

Pater Aldo Trento, ein Priester in Paraguay, der mit den Armen arbeitet, hat das selbst erlebt:

> Der Ruhm des Alters ist die Weisheit: Etwas, das auch für junge Leute wichtig ist. Ein junger Mensch, der sein Leben beginnt, hat tausende von Problemen, aber ein alter Mensch kann vielen dieser Probleme den Schrecken nehmen. Wenn ich mit jemandem reden muss, dann gehe ich zu einem älteren Menschen, der mir helfen wird und mir einen Weg zeigen kann. Wenn ich zu einem jungen Mann gehen würde, was

sollte der mir schon sagen? Er hat ja kaum Erfahrung! Erfahrung bezieht sich ja nicht nur auf die praktische Tat, sondern auch auf die Beurteilung einer Situation. Die älteren Menschen dagegen haben eben Erfahrung und können Dinge beurteilen, deshalb können sie einem sagen: „Hier geht's lang, mein Sohn. Das ist das Beste für dich." Für mich ist dies der Inbegriff eines alten Menschen: Jemand, der uns im Leben begleitet.

Wir können jungen Menschen helfen, indem wir so einfache Sachen wie Treue, Engagement und Begeisterung auch für die ganzen kleinen Dinge im Leben praktizieren. Vincent und Jeanne DeLuca sind ein älteres Ehepaar in einem Nachbarort. Wir trafen uns zum ersten Mal bei einem Fußballspiel, an dem einer meiner Söhne teilnahm. Als es plötzlich in Strömen zu regnen anfing, boten sie mir einen Regenschirm an. Vincent hatte vor vielen Jahren selbst für diesen Verein gespielt und beide besuchen noch immer jedes Spiel. Er ist zur Stelle, um die Spieler zu ermutigen, ihnen für ihren tollen Einsatz zu danken, bei Siegen zu jubeln und ihnen bei Niederlagen beizustehen. Er erinnert sie auch daran, dass es noch ein Leben außerhalb des Fußballvereins gibt.

Als Vincents Vater starb, übernahm er dessen Wäscherei. Vom Vater hatte er gelernt, hart zu arbeiten und immer für den Kunden da zu sein. Bis er heiratete, hatte er seinen Lohn immer direkt an seinen Vater überwiesen. An seinem Hochzeitstag überraschte ihn dann sein Vater mit einem Sparbuch, auf dem das gesamte Geld war.

Bis vor ein paar Jahren hatten Vincent und Jeanne noch ihr Geschäft betrieben. Als sie aufhörten, waren sie beide schon über achtzig. Es war immer mehr gewesen als nur eine Wäscherei – es war ein Ort, an den Leute kommen konnten, um über ihre Probleme zu reden. Hier fanden sie ein offenes Ohr, Mitgefühl, Ermutigung und oft auch materielle oder finanzielle Hilfe.

Als ich Vincent zum ersten Mal traf, war er in seinen Sechzigern, und ich drückte mein Erstaunen darüber aus, wie viele Stunden am Tag er arbeitete. „Ach, ich arbeite nur halbtags," meinte er, „ich kann kaum warten, bis der nächste Tag endlich da ist." Er stand um fünf Uhr auf, ging mit einer Tüte belegter Brote zur Arbeit und schloss den Laden erst nach fünf Uhr abends. Für Vincent bedeuteten zwölf Stunden Arbeit, dass er den halben Tag arbeitete.

Aber hier hört die Geschichte von Jeanne und Vincent nicht auf. Inzwischen haben sie das Geschäft verkauft und verbringen ihre Zeit damit, in ihrem Ort jüngere ehrenamtliche Helfer zu begleiten und anzuleiten und sie dafür zu begeistern, auf dem von ihnen gewählten Gebiet vollen Einsatz zu zeigen. Obwohl die beiden körperlich schwächer werden, scheinen sie geistlich an Kraft zu gewinnen. Letzten Endes verblasst ihre Intelligenz und ihr beruflicher Erfolg vor dem Frieden, der Schlichtheit und der stillen Freude, die von ihnen ausgeht.

Noch brauchen sie nicht viel Hilfe – beide sind körperlich fit. Aber wenn wir anfangen, mehr Unterstützung zu benötigen, sollten wir einen wichtigen Punkt nicht vergessen: Indem wir anderen gestatten, uns zu helfen, können wir auch etwas für unsere Helfer tun und so in den Stürmen ihres Lebens zu einem Anker für sie werden. Jan (Name geändert), der für einen ambulanten Pflegedienst arbeitet, hat diese Erfahrung gemacht, als sein Leben vor einem entscheidenden Wendepunkt stand.

Meine Arbeit hat mir Spaß gemacht, aber meine Ehe war total kaputt. Nachdem sie lange darüber nachgedacht hatte, entschloss sich meine Frau Judith dazu, mich zu verlassen und unsere vier Kinder mitzunehmen. Wir trennten uns – für immer, wie es aussah.

Von diesem Moment an wurden meine täglichen Pflegebesuche bei einem älteren Ehepaar, die ich hier mal Thomas und Rosi nennen möchte, immer wichtiger. Rückblickend waren sie ein wahrer Segen in all dem Chaos meines Lebens. Ich war oft bei ihnen und wir haben uns wirklich gut kennengelernt. Sie haben kein leichtes Leben gehabt. Thomas war im Zweiten Weltkrieg gewesen, wollte aber nicht darüber sprechen. Früher war er Steinmetz gewesen; jetzt hatte er Diabetes und benutzte eine Gehhilfe. Rosi hatte einen Schlaganfall hinter sich und litt an Arthrose.

Bis dahin hatte ich die Beziehung auf einer rein professionellen Ebene gehalten. Ich half ihnen beim Wäschewaschen, beim Baden und hin und wieder kochte ich ihnen ihre Mahlzeiten (am liebsten mochten sie scharf gewürzte italienische und mexikanische Gerichte). Ich musste Krankenhauskleidung tragen, was ich auch tat, bis Rosi mich bat, ob ich nicht in Jeans und T-Shirt kommen und wie ein Familienmitglied sein könnte. Sie wollten nicht dauernd eine „medizinische Fachkraft" um sich herum haben.

Dann fragten sie, ob ich nicht an den Mahlzeiten teilnehmen wollte, ansonsten wäre das so ein komisches Gefühl. Ich erklärte ihnen, wie bei uns die Unternehmensrichtlinie bezüglich Arbeitskleidung aussieht und dass wir keine Geschenke von Klienten annehmen dürfen. Thomas meinte daraufhin: „Vergiss doch diesen Pflegedienst. Das hier ist unser Haus, nicht ihres. Ich bestimme, was hier passiert. Du kannst dich von jetzt an als Teil der Familie fühlen."

Als meine Frau und meine Kinder mich verlassen hatten, merkten Thomas und Rosi natürlich, dass etwas mit mir nicht stimmte. Sie sagten mir, dass sie gerne zuhören würden, wenn ich ihnen erzählen wollte, was los ist. An diesem Tag sagte ich ihnen beim Abendbrot, dass ich wieder alleine sei und nicht genau wüsste, wie es weitergehen würde. Sie versicherten mir, dass sie sich bemühen wollten, in dieser schwierigen Zeit Rücksicht zu nehmen. Sie fragten mich nach unserem Eheversprechen und erzählten mir, was sie sich damals versprochen hatten: „Bis dass der Tod uns scheide." Genau das hatten meine Frau und ich uns auch versprochen. Thomas und Rosi glaubten fest daran, dass die Dinge bei uns wieder in Ordnung kommen würden.

Sie erinnerten sich an stürmische Zeiten am Anfang ihrer eigenen Ehe, die trotzdem mehr als fünfzig Jahre gehalten hatte. Sie versicherten mir, dass sie für Judith und mich beten würden, und ich weiß, dass sie es auch getan haben.

Nach einer Zeit wurden ihre Gebete erhört. Als ich einige Monate später schließlich wieder mit Judith und den Kindern vereint war, musste ich daran denken, wie Thomas und Rosi sich um mich gekümmert hatten, obwohl doch eigentlich ich derjenige war, der sich um sie kümmern sollte. Das Vertrauen, das sie mir und auch Gott gegenüber hatten, hat mir damals unbeschreiblich geholfen. Ich werde nie die Bibelstelle vergessen, die Rosi mir einmal an einem besonders schweren Tag vorlas: „Wenn unser Herz uns verurteilt, wissen wir doch, dass Gott größer ist als unser Herz und dass er alles kennt“ (1. Johannes 3,20).

Das Gebet ist vielleicht das Wichtigste, was wir als alte Menschen zu geben haben. Papst Benedikt XVI. hat vor einigen Jahren in einem Pflegeheim in Rom davon gesprochen:

> Manchmal geschieht es, dass man sich in einem gewissen Alter der Vergangenheit zuwendet und seiner

Jugend nachtrauert, als man frische Energie besaß und Zukunftspläne schmiedete. So trübt sich der Blick manchmal durch Traurigkeit, und man betrachtet diese Lebensphase als eine Zeit des Niedergangs… Ich möchte euch trotz des Bewusstseins um die Schwierigkeiten, die unser Alter mit sich bringt, aus tiefer Überzeugung sagen: Es ist schön, alt zu sein!

Liebe ältere Brüder und Schwestern, manchmal scheinen die Tage lang und leer zu sein, mit Schwierigkeiten, wenigen Verpflichtungen und Begegnungen. Lasst euch nie entmutigen: Ihr seid ein Reichtum für die Gesellschaft, auch im Leiden und in der Krankheit. Und diese Lebensphase ist auch ein Geschenk, um die Beziehung zu Gott zu vertiefen. Vergesst nicht die wesentlichste unter den wertvollen Ressourcen, die ihr besitzt: das Gebet. Werdet zu Fürsprechern bei Gott, indem ihr mit Glauben und Beharrlichkeit betet. Betet für die Kirche, auch für mich, für die Nöte der Welt, für die Armen, auf dass es in der Welt keine Gewalt mehr geben möge. Das Gebet der alten Menschen kann die Welt schützen und ihr vielleicht entscheidender helfen als die rastlosen Anstrengungen vieler Menschen.

Vor einigen Jahren suchte eine der Kirchen in unserer Nachbarschaft nach neuen Wegen, die Jugend zu erreichen. Ein Jahr lang wurden deshalb „Gebetspartnerschaften" gebildet: Je ein alter Mensch und ein Teenager bildeten ein Team. Sie trafen sich aber nie persönlich, sondern bekamen nur den Namen des anderen mitgeteilt, für den sie jeden Tag beten sollten. Als das Jahr zu Ende war, veranstaltete die Gemeinde ein großes Festessen, bei dem sich die Gebetspartner zum ersten Mal persönlich begegneten. Sie erzählten mir später, wie begeistert sie waren, dass durch eine so einfache Idee ein authentischer, warmherziger Kontakt zwischen Jung und Alt zustande kommen konnte.

Manchmal kann so eine Aktion zu einer dauerhaften Freundschaft führen, aber es ist natürlich nicht immer so. Trotzdem können wir in der Seele eines Menschen eine Spur hinterlassen, auch wenn die Begegnung nur kurz ist. Dies kommt in einer Geschichte zum Ausdruck, die mein Vater als junger Mann verfasst hat:

> Warum nützen wir Menschen unsere Zeit nicht besser, obwohl wir wissen, dass sie uns allen knapp bemessen

> ist? Die größte Gabe jedes Menschen ist die Beziehung zu den Menschen und zu Gott. Eigentlich sollte man mit jedem Menschen, der einem entgegentritt, eine Begegnung erleben, ich meine ein Verstehen im Tiefsten des Menschen. Eine solche Begegnung schwindet nicht mit der dahineilenden Zeit, sie begleitet uns, sie hat einen dauernden Wert. Jeder Mensch, der uns entgegentritt, ist eine Gelegenheit, der Wahrheit näher zu kommen.

Auch wenn das alles ist, was wir im Alter tun können – es sollte genug sein. Diese Rolle anzunehmen kann allerdings sehr schwer sein. Sogar Paulus musste damit ringen, sterben und bei Jesus sein zu wollen, und doch gleichzeitig bei denen zu bleiben, die er kannte und liebte, und ihnen zu helfen (Philipper 1,22–24). Unabhängig davon, wie viel Zeit uns noch bleibt, sollten wir sie nutzen, um andere zu einer tieferen inneren Beziehung mit Gott zu führen. Das ist vielleicht die größte Gabe, die wir zu geben haben.

Winifred Hildel, eine dynamische, neunundsiebzig Jahre alte Frau, die schon viele Jahre in unserer Nachbarschaft wohnte, musste sich einer relativ normalen Herzoperation unterziehen. Es traten jedoch

Komplikationen auf und sie starb unerwartet im Krankenhaus. Das war ein großer Schock für ihre Familie, die davon ausgegangen war, dass Winifred innerhalb von wenigen Tagen wieder nach Hause kommen würde. Einige Wochen später schrieb der leitende Chirurg einen Brief an ihren Ehemann Rudi, aus dem hervorging, wie Winifreds tiefes Vertrauen auf Jesus bei vielen Menschen, mit denen sie in Kontakt gekommen war, einen bleibenden Eindruck hinterlassen hatte.

> Ich danke Ihnen, dass Sie sich in diesen schweren Momenten die Zeit nehmen, an mich zu denken. Ihr Brief ist mir sehr wichtig und dient mir als Bestätigung dafür, dass ich als Arzt nicht die letztendliche Entscheidung über Leben und Tod treffe. Es ist der Wille unseres Gottes, der jeden von uns nach Hause geleitet.
>
> Ihre Frau habe ich als eine wunderbare Person erlebt. Wenn ich mit ihr sprach, war ihre Lebensfreude so offensichtlich, und sie teilte ihre Begeisterung für das Leben gerne mit den Menschen, die sie traf. Als sie im Krankenhaus war und so viele Freunde und Angehörige kamen, die sangen und beteten, wusste ich,

dass sie viele Seelen berührt hatte, und ich wünschte mir sehr, dass sie wieder gesund werden würde. Ich hatte den Eindruck, dass ihr Tod eine große Leere im Leben dieser Menschen hinterlassen würde. Jetzt aber erkenne ich, dass durch ihren Tod keine Leere entstanden ist, auch wenn sie selbst sicher schmerzlich vermisst wird. Ihr Vermächtnis ist nicht Leere, sondern Freude, Musik und Liebe für Sie und Ihre Kinder. Dadurch wird es etwas leichter für mich, ihren Tod zu akzeptieren.

Ich möchte nicht schließen, ohne gesagt zu haben, wie sehr Ihr Glaube und der Glaube Ihrer Familie uns alle hier im Krankenhaus berührt hat. Wir sind noch nie vorher Zeugen einer solchen Gottes- und Nächstenliebe gewesen, wie wir sie jeden Tag um das Bett Ihrer Frau herum sehen konnten. Oft sind wir durch die Anforderungen unseres Berufs müde und ausgelaugt. Manchmal macht es uns gefühlstaub. Als Ihre Frau starb, flossen viele Tränen hier auf der Station – etwas, was nicht sehr oft passiert. Sie flossen, weil wir innerlich ein Stück weit wiederhergestellt wurden und daran erinnert wurden, was unsere Berufung hier ist. Danke für diese Hilfe.

Auch im Sterben können wir andere zu Gott führen. Wie wir unser Leben leben und wie wir dem Tod begegnen, kann große Auswirkungen auf die haben, die zurückbleiben. Henry Ward Beecher, der Bruder der bekannten amerikanischen Schriftstellerin Harriet Beecher Stowe, hat es einmal so ausgedrückt:

> Wenn die Sonne schließlich am frühen Abend hinter dem Horizont versinkt, bleiben die Spuren ihres Werkes für einige Zeit bestehen. Der Himmel glüht noch eine volle Stunde, nachdem sie untergegangen ist. Ebenso ist es, wenn ein guter Mensch seinen letzten Sonnenuntergang durchlebt – der Himmel der Welt, in der er lebte, ist noch lange hell, nachdem er schon nicht mehr zu sehen ist. Ein solcher Mensch stirbt nicht einfach, denn wenn er geht, lässt er viel von sich zurück, und auch nach seinem Tod spricht er noch zu uns.

Egal wie alt oder gesund wir sind – keiner von uns weiß, wie viele Tage ihm noch bleiben, um anderen Menschen zu begegnen. Gerade deshalb sollten wir Gott darum bitten, dass er uns hilft, die uns verbleibende Kraft für seine Ziele einzusetzen.

Christel Klüver
„Wenn ich bei Kindern bin,
werde ich selbst wieder Kind."

5

Treu bleiben

Wir werden älter und damit auch gebrechlicher. Was zunächst vielleicht nur unangenehm und frustrierend ist, wird später schmerzhaft – sowohl körperlich als auch psychisch. Niemand leidet gerne, und wir alle tun unser Möglichstes, um Schmerz zu vermeiden. Aber auf dieser Welt gibt es einfach viel Leid und viel Sünde; dem können wir nicht entkommen. Schließlich wurden Adam und Eva, nachdem sie Gott nicht gehorcht hatten, mit der Ankündigung aus dem Garten Eden vertrieben, dass ihr Leben und das ihrer Nachkommen voller Leid sein würde. Der Frau wurde auferlegt, unter Schmerzen zu gebären und ihrem Mann gehorsam zu sein. Dem Mann wurde gesagt, er würde sich sein Leben lang abmühen und sein Brot im Schweiße seines Angesichts essen müssen (1. Mose 3,16–19).

Wer sich zu sehr darauf konzentriert, Krankheit und Schmerzen zu vermeiden, verliert einen wichtigen Aspekt des Alterns aus den Augen: Die erlösende Kraft des Leidens. Dazu gehört, dass unsere Augen durch eigenes Leid für das Leiden anderer geöffnet werden können. Außerdem kann uns unser Leiden zu Gott führen.

Leiden ist wie ein Feuer, in dem Gold geläutert wird. Es bereitet uns auf unser letztes und höchstes Ziel vor: Vollkommen mit Gott vereinigt zu sein. Der Quäker Thomas R. Kelly, dessen Schriften viele meiner Freunde bei ihrer Suche nach Jesus beeinflusst haben, schreibt aus einem tiefen Verständnis heraus:

> Das Herz wird durch Leid gedehnt und geweitet. Aber ach, die Qual dieses Weitwerdens des Herzens, dass man darauf vorbereitet wird, das Leid der anderen zu teilen!...Die Lehre vom Kreuz ist schmerzfreie Spekulation; das Kreuz als gelebtes Leid ist Pein und Herrlichkeit. Doch Gott hat aus dem Wesen seines eigenen Herzens heraus das Kreuz am Weg zum heiligen Gehorsam aufgestellt. Und in den Herzen derer, die er liebt, lässt er ein Wunder geschehen: die Bereitschaft, Leid willkommen zu heißen und es als

das zu sehen, was es ist – als höchsten Beweis seiner großzügigen Liebe.

Wenn uns Leid nicht zu Gott führt, dann führt es uns in Verzweiflung und Hoffnungslosigkeit. Viktor Frankl, der österreichische Psychiater, der selbst drei Jahre in Auschwitz inhaftiert war, musste die Erfahrung machen, dass die meisten Menschen unter den grausamen Bedingungen des Konzentrationslagers umkamen, sobald sie die Hoffnung verloren. Frankl erlebte, dass sogar gesunde Menschen, die die Hoffnung verloren oder keinen Grund zu leben mehr sahen, schnell den Umständen erlagen:

> Wer an eine Zukunft, wer an seine Zukunft nicht mehr zu glauben vermag, ist hingegen im Lager verloren. Mit der Zukunft verliert er den geistigen Halt, lässt sich innerlich fallen und verfällt sowohl körperlich als auch seelisch. Dies geschieht meist sogar ziemlich plötzlich, in Form einer Art Krise, deren Erscheinungsweisen dem halbwegs erfahrenen Lagerinsassen geläufig sind. Jeder von uns fürchtete – nicht für sich, denn das wäre ja dann schon gegenstandslos gewesen, vielmehr für seine Freunde – den Zeitpunkt, an dem sich erstmalig diese Krise äußerte.

In einer ähnlichen Weise hat Friedrich Nietzsche bemerkt: „Wer ein Warum zu leben hat, erträgt fast jedes Wie." Ich habe als Seelsorger viele Menschen getroffen, denen dieser Sinn im Leben fehlt. Sie leben in einer Hölle, und weil sie keinen Ausweg sehen, werden sie in Versuchung geführt von dem Verlangen, sich das Leben zu nehmen oder sich töten zu lassen (was beschönigend als „aktive Sterbehilfe" bezeichnet wird).

Aber es ist immer falsch, einen Menschen zu töten, sogar wenn es aus Mitgefühl geschieht. Gott hat jeden von uns „in seinem Ebenbild" erschaffen. Weil er uns das Leben gegeben hat, hat nur er das Recht, es zu beenden. Suizid ist eine Form des Aufbegehrens gegen Gott, als ob man sagen würde: „Ich bin jenseits aller Hoffnung. Mein Problem ist sogar für Gott zu groß." Suizid verneint, dass Gottes Gnade größer ist als unsere Schwäche.

Wer sich in einer solchen Situation befindet, kann sich immer an Gott wenden und ihn um Erbarmen bitten. Auch wenn wir mit unserer eigenen Weisheit am Ende sind, will Gott uns neue Hoffnung und neuen Mut geben – egal wie sehr wir glauben, ihn betrogen zu haben. Er ist bereit, jede Sünde zu vergeben.

Wir müssen nur demütig genug sein, ihn zu bitten. Wenn jemand von Suizidgedanken in Versuchung geführt wird, ist das Wichtigste, was wir tun können, liebevoll zu diesem Menschen zu sein und ihn daran zu erinnern, dass er wie jeder von uns von Gott erschaffen wurde und dass jeder von uns eine Aufgabe zu erfüllen hat.

Es kann beängstigend sein, einem Menschen durch eine tiefe Depression hindurch zu helfen, aber es ist auch ungeheuer lohnend. Da ist zum Beispiel Hugo Stahel, den ich seit meiner Kindheit kannte und der in vielen Hinsichten wie ein zweiter Vater für mich war. Hugo war ein großer, hart arbeitender Mann, aber unter den Schicksalsschlägen, die er in seinem Leben hinnehmen musste, wäre er fast zerbrochen. Das schlimmste Erlebnis für ihn und seine Frau war, als ihr ältester Sohn sich mit neunundzwanzig Jahren das Leben nahm; es verfolgte die beiden bis zu ihrem Tod. In den letzten Jahren seines Lebens litt Hugo unter vielen körperlichen Gebrechen und inneren Anfechtungen. Er verlor seine Frau, kämpfte mit Suizidgedanken und unternahm sogar einige Versuche, sich das Leben zu nehmen. Ich habe viele Stunden damit verbracht, ihm zuzuhören und ihn daran zu erinnern, dass alle, die ihn kannten und liebten, am Boden zerstört wären, wenn er sich umbringen würde. Hugo hatte einen starken Glauben, erlebte aber auch immer wieder Anfechtungen, zum Beispiel zweifelte er zeitweise daran, dass er Vergebung für seine Suizidversuche finden würde. Aber als seine körperliche Kraft abnahm, wuchs sein Glaube, und als das Ende nahte, schienen Gebet und Liebe alles andere überwunden zu haben. Hugo starb friedlich im Alter von siebenundachtzig Jahren.

Suizid und Euthanasie sind die drastischsten Maßnahmen, zu denen wir greifen können, um Leid zu vermeiden. Aber auch wenn uns nie solche Gedanken in den Sinn kommen, tun wir doch alles, was wir können, um Leid zu vermeiden. Richten wir uns bei gesundheitlichen Problemen nur nach dem Rat des Arztes oder fragen wir uns auch, was Gott uns damit sagen möchte? Jeder Mensch hat Angst davor, schwer krank zu werden. Wir alle fürchten den Tod. Vielleicht haben wir mehr Angst, als wir uns eingestehen wollen. Aber muss das dazu führen, sich nur noch auf Medizin und Technik zu verlassen? Wenn wir uns nur von dieser Angst befreien und ganz auf Gott konzentrieren könnten!

Frieda (Name geändert) ist seit Jahren ehrenamtlich als Hospizhelferin tätig. Dadurch lernte sie eine Frau kennen, die ich hier Waltraut nennen möchte. Waltraut war eine tief gläubige Frau, weit über achtzig Jahre alt und litt seit langem an einem offenen Tumor im Gesicht, der schon viele Male operiert worden war. Die Psychologin der behandelnden Klinik stellte ihr einmal die Frage, ob sie je daran gedacht hätte, sich das Leben zu nehmen. Waltraut antwortete ihr: „Wenn ich mich recht erinnere, hat man das Leben geschenkt bekommen, da kann man es nicht einfach wegwerfen." Sie war eine gesellige Frau gewesen, die aktiv in Vereinen und in ihrer Gemeinde mitgewirkt hatte. Durch den Tumor war ihr Gesicht so entstellt, dass sie nicht mehr sprechen konnte und auf eine Magensonde angewiesen war. Es erforderte viel Geduld und Aufmerksamkeit mit ihr zu kommunizieren, denn sie musste ihre Antworten immer auf einen Notizblock schreiben. So gingen die meisten ihrer bisherigen Kontakte verloren. Sie wohnte im gleichen Haus wie die Familie ihres Sohnes, von der sie liebevoll gepflegt und versorgt wurde. Trotz aller Einschränkungen machte sie anderen noch gerne kleine Freuden. So strickte sie kurz vor ihrem Tod noch ein Paar Socken für Frieda! Dennoch kam der Moment, an dem die medizinischen und psychischen Anforderungen der Pflege für die Familie zu viel wurden. Da der Krebs weiter fortschritt, entschloss sich Waltraut, in ein Hospiz umzuziehen, wo sie einige Monate später friedlich verstarb. Ihr treues Festhalten am Glauben und ihr Vertrauen auf Gott haben ihr geholfen, die lange, schwere Leidenszeit hindurch eine innere Freude zu bewahren und an andere zu denken. Die Menschen um sie herum haben diesen Segen zu spüren bekommen und einige hat es tief geprägt. Frieda erzählt:

> Die Begegnung mit Waltraut hat mich zutiefst beeindruckt. Bei unserem ersten Treffen schrieb sie auf ihren Notizblock: „Hoffentlich erschrecken Sie nicht vor meiner großen Wunde." Obwohl ich mir nichts habe anmerken lassen, bin ich doch sehr erschrocken. Ein so entstelltes Gesicht hatte ich noch nie gesehen! Dann habe ich mich gefragt, wie viel Mut dieser Mensch haben muss, wie viel Selbstdisziplin, Hoffnung und Lebensbejahung! Aus welcher Quelle schöpfte diese

Frau die Kraft, um mit all den Traurigkeiten und Demütigungen zurechtzukommen? Als ich sie näher kennenlernte, habe ich gemerkt, dass Waltraut ein tief religiöser Mensch ist, der sich mit den großen Lebensfragen intensiv auseinandergesetzt hat. Sie hat den Test bestanden: Ihr Gottvertrauen hat allen Stürmen standgehalten, insbesondere der Angst. Die Talente, die ihr Schöpfer ihr mitgegeben hatte, hat sie treu verwaltet und zum Wohl ihrer Mitmenschen eingesetzt. Ich durfte ihr auf dem letzten Abschnitt ihres Lebens begegnen. Ich habe ihr helfen dürfen, aber sie hat mich reich beschenkt.

Die Medizin spielt im Leben der meisten älteren Menschen eine bedeutende Rolle, aber sie kann ebenso ein Fluch wie ein Segen sein. Es kann entmenschlichend sein, das Alter nur noch unter medizinischen Gesichtspunkten zu sehen, und wer sich auf jeden Test und jede Untersuchung einlässt, öffnet eine „Büchse der Pandora“: Oft werden Probleme gefunden, die eigentlich keine sind, sondern lediglich Befunde, aus denen nie lebensbedrohliche Krankheiten geworden wären. Wenn ein Arzt aber einen solchen Befund festgestellt hat, kann er verpflichtet sein, entsprechend zu handeln. Hier beginnt die schiefe Ebene, auf der man von einem Test in den nächsten schlittert. Früher oder später kann eine der Behandlungen sogar tödlich verlaufen, etwa durch Infektionen, Komplikationen bei Operationen oder Nebenwirkungen von Medikamenten.

Gaukelt uns die Medizin hier etwas vor? Heute kann fast jedes Organ des Körpers ersetzt oder repariert werden, und es gibt eine Menge Argumente, warum man es tun sollte. Aber wir wollen nicht vergessen, dass die Menschen noch vor gar nicht so langer Zeit fast völlig ohne medizinische Versorgung gelebt haben und gestorben sind. Auch wenn ihre Lebensspanne kürzer war, haben sie doch erfüllt und produktiv gelebt – vielleicht mehr als wir heute.

Christel Klüver und ihre Familie lebten meine gesamte Kindheit hindurch in unserer Nachbarschaft. Ihre Brüder waren unter meinen besten Freunden; wir hielten zusammen durch dick und dünn. Als Christel vierzig war, bekam sie multiple Sklerose. Aus der kompetenten, lebhaften und beliebten Erzieherin wurde langsam ein Mensch, der mehr und mehr auf medizinische Hilfe angewiesen war. Die Medikamente mögen ihr in gewisser Weise geholfen haben, dennoch hatte sie nach einer Weile den Eindruck, dass eben diese Medikamente sie daran hinderten, ein erfüllteres Leben zu führen. Eine ihrer Pflegerinnen erinnert sich:

> Als ich begann, für Christel zu sorgen, hatte sie keine Kontrolle mehr über ihren Unterkörper. Sie hatte Krämpfe und Schmerzanfälle und begann, den Willen zu verlieren, geistig und spirituell aktiv zu bleiben. Bevor die Krankheit zuschlug, waren das jedoch ihre markantesten Charaktermerkmale gewesen. Inzwischen nahm sie viele Medikamente. Obwohl sie halfen, die Grundsymptome der Krankheit zu lindern, hatten sie doch zahlreiche Nebenwirkungen, darunter Erinnerungsstörungen und Probleme mit dem Zeitempfinden.
>
> Christel begann sich zu fragen: „Vertraue ich der Medizin mehr als Gott?" Dann entschied sie sich, alle Medikamente und Behandlungen bis auf sehr wenige ganz abzusetzen oder auf ein Minimum zu reduzieren. Das war keine leichte Entscheidung, und wir haben mit ihr zusammen das Ringen um den ungewissen Ausgang durchlebt. Es war ein echter Glaubensschritt.
>
> Bemerkenswert ist, dass es Christel daraufhin besser ging. Sie hatte zwar hin und wieder immer noch Krämpfe, aber nicht mehr so häufig wie zuvor.

Sie wurde wacher und aktiver und ihre Gespräche wurden interessierter und lebhafter. Es war viel für sie gebetet worden und sie selbst hatte nicht nur die Krankheit ertragen, sondern auch innere Kämpfe durchgestanden. Wir werden nie vergessen, wie dieses Heilungswunder vor sich ging – eine andere Heilung, als wir es erwartet hätten. Trotz ihrer Krankheit strahlte Christel bis zu ihrem Tod Freude und Liebe aus.

Vor einigen Jahren hatte ich selbst ein Erlebnis, das mich darüber nachdenken ließ, wie sehr ich mich auf Ärzte und Medikamente verlasse. Ich ging zu einer Routineuntersuchung, die auch ein Kardiogramm einschloss. Hier erfuhr ich nicht nur, dass eine große Herzoperation notwendig sei, sondern dass sofort operiert werden müsse. Mir blieb keine Zeit, mich darauf vorzubereiten.

Nach der Operation schwebte ich einige Tage in Lebensgefahr. Es gab Augenblicke, in denen ich dachte, ich würde meine Familie und meine Freunde nie wiedersehen. Das Pflegepersonal war sehr entgegenkommend und ließ mich wertvolle Zeit mit meiner Frau verbringen. Wir fragten uns zum ersten Mal seit langem: „Sind wir wirklich bereit, Abschied voneinander zu nehmen? Was ist, wenn wir uns morgen nicht mehr sehen?" Es war erlösend, dass wir uns gegenseitig um Vergebung bitten konnten. Wir haben viel zusammen geweint, aber wir haben auch viel zusammen gelacht.

Auch wenn ich mich nicht vollkommen erholt habe, so bin ich doch dankbar, dass die Operation im Großen und Ganzen erfolgreich war. Damals habe ich oft Mendelssohns „Elias" angehört – die Geschichte eines der großen Propheten Gottes. Ein Stück daraus hat mir besonders viel bedeutet: „Befiehl ihm deine Wege und hoffe auf ihn." Es ist schwer, sich Gott völlig zu überlassen. Das geht gegen die menschliche Natur. Wir begehren auf und wehren uns, denn sich Gott zu überlassen bedeutet, unsere eigene Kontrolle und Macht aufzugeben.

Als ich durch diese Prüfung ging, erinnerte ich mich an Hiob aus dem Alten Testament. Hier war ein Mann, der alles hatte, was die Welt anpreist: Frau, Vermögen, Kinder, Erfolg und gesellschaftliche Anerkennung. Aber Gott erlaubte dem Satan, Hiob auf die Probe zu stellen, um zu sehen, ob er auch ohne seine weltlichen Güter Gott noch loben würde. Hiob verlor alles, sogar seine Gesundheit. Seine Freunde und sogar seine eigene Frau verspotteten ihn und forderten ihn auf, sich von Gott loszusagen. Aber weil Hiob Gott lobte und sich seinem Willen fügte, wurde ihm alles wiedergegeben, was er verloren hatte, sogar in größerem Maß als zuvor.

Mein Herz ist immer noch nicht gesund. Die Ärzte könnten eine weitere Herzoperation vornehmen, um die Herzklappen auszutauschen, und vielleicht würde ich dann noch zehn oder zwanzig Jahre leben – aber diesen Weg werde ich nicht gehen. Ich werde für Gottes Reich arbeiten, bis meine Herzklappen ihren Dienst aufgeben, und dann werde ich Gottes Lob singen. Was würde ich gewinnen, wenn ich versuche, mein Leben zu verlängern, weil ich Angst vor dem Sterben habe? Es ist unerheblich, ob ich noch einen Tag oder noch zehn Jahre lebe – solange es zu seinem Lob und Ruhm ist.

Richard Domer

„Von nun an muss sich die Welt um sich selbst kümmern!“

6

Mit Demenz leben

OBWOHL DIE BESCHWERDEN und Schmerzen des Alters normalerweise eher als kleine Misslichkeiten anfangen, können sie doch schon bald ernste Ausmaße annehmen. So ist es auch mit dem Abbau unserer geistigen Fähigkeiten: Was als normale Vergesslichkeit und Geistesabwesenheit anfängt, kann sich zur Demenz entwickeln, bis hin zur Alzheimerkrankheit. Diese Krankheit beschäftigt mich sehr, denn einige geliebte Mitglieder meiner Kirche sind in den letzten Jahren davon betroffen worden.

Für die meisten (oder vielleicht alle) von uns ist die Vorstellung, unseren Verstand zu verlieren, schrecklich. Aber liegt das vielleicht auch daran, dass wir als Gesellschaft diese Angelegenheit völlig falsch angehen? Vielleicht würden wir weniger Angst davor haben, wenn wir nicht befürchten müssten, in einer psychiatrischen Klinik oder einem Pflegeheim weggesperrt zu werden. Vielleicht müssen wir diejenigen, die von dieser Krankheit betroffen sind, mehr wertschätzen und dankbar dafür sein, dass sie sind, wer sie sind, anstatt sie in geschlossenen Einrichtungen unterzubringen. In meiner Kirche versuchen wir so weit wie möglich, sie in das Leben und die Aktivitäten der Gemeinde zu integrieren. Junge Gemeindemitglieder wechseln sich dabei ab, sie an Wochenenden zu versorgen oder einfach nur Zeit mit ihnen zu verbringen.

Eine Störung wie die Alzheimerkrankheit muss, wenn irgend möglich, mit Geduld und Liebe innerhalb der Familie aufgefangen werden. Das kann schwierig sein, aber die Alternative dazu ist wesentlich schlimmer. In vielen Pflegeheimen werden Demenzkranke einfach verwahrt – etwas, das ich niemandem wünschen würde, schon gar nicht jemandem, der mir nahe steht. Andererseits haben zahllose Familien keine andere Wahl, als ihre Eltern in solchen Einrichtungen unterzubringen. Es tut ihnen natürlich weh und sie empfinden Schuld und Scham darüber, aber es gibt keine einfache Lösung für dieses Problem. Oder?

So schwer es sein mag, ich frage mich oft, was geschehen würde, wenn wir als Gesellschaft die positiven Aspekte dieser Krankheit mehr hervorheben würden, zum Beispiel die Rückkehr zur Kindlichkeit. Menschen, die an Demenz erkrankt sind, können eine große Bereicherung sein, nicht nur eine Bürde. Alzheimer muss nicht unbedingt Scham, Elend und Hölle für diejenigen bedeuten, die davon betroffen sind. Detlef Manke, ein Seelsorger, der mit Alzheimer-Patienten gearbeitet hat, erzählte mir:

> Wer lernen will, wie man anderen dient, soll sich um einen Menschen mit Alzheimer kümmern. Wer Mitgefühl lernen will, soll mit Menschen zusammen leben, die Alzheimer haben, denn es gibt nichts Schöneres und Lohnenderes als ihre Liebe zu spüren, wenn sie spüren, dass wir sie voll und ganz verstanden haben.
>
> Sie zeigen uns auch, wie man ganz im Augenblick lebt – das allein kann schon ein Abenteuer sein. In einem Moment sind sie vielleicht traurig und wütend und im nächsten Moment ist alles wunderbar. Wer auch immer Alzheimer-Patienten betreut, muss auch bereit sein, dieselbe Frage alle paar Minuten erneut zu beantworten.

Man muss ihnen jederzeit mit Respekt begegnen: Als Menschen, die reich an Jahren und Erfahrung sind. Wenn wir denken, dass sie Unsinn reden, dann sind wir es, die beschränkt sind, weil wir den Schlüssel zu den Reichtümern ihrer Welt noch nicht entdeckt haben.

Nur diejenigen, die diesen Schlüssel finden, werden die sogenannten „Fenster" erleben, die sich sogar noch in den letzten Stadien der Alzheimerkrankheit auftun. Diese Fenster öffnen sich direkt in die Ewigkeit. Ich habe das über die Jahre hinweg immer und immer wieder erlebt, und es hat mich davon überzeugt, dass das Tiefste und Innerste des Menschen von der Krankheit nicht berührt werden kann.

Wie Detlef vorschlägt, sollten wir lieber lernen, die Welt des Alzheimer-Patienten zu verstehen, als ihm helfen zu wollen, unsere Welt zu verstehen. Sich all dessen bewusst zu sein, macht die Aufgabe noch nicht automatisch leicht. Eine junge Frau aus meiner Gemeinde half mir, etwas mehr Einblick in solche Situationen zu bekommen. Bei ihrem an Alzheimer erkrankten Schwiegervater schritt die Krankheit rapide fort. Oft war es nicht leicht, mit der Situation umzugehen:

Die Krankheit zeigte sich in allen möglichen Formen von ungewöhnlichem Verhalten. Manchmal verschwand mein Schwiegervater plötzlich aus seiner Wohnung, und sein Betreuer musste dann hinter ihm herlaufen und versuchen, ihn wieder zurückzubringen, was aber sehr schwierig war, denn man konnte nicht vernünftig mit ihm reden. Er war besessen von der Vorstellung, dass die Leute sich gegen ihn verschworen hatten, und verbrachte manchmal drei oder vier Stunden damit, in seinem Schlafzimmer herumzuschleichen und mit einer Taschenlampe in Schränken und unter Möbeln nach Eindringlingen zu suchen. Zeitweise wurde er gewalttätig, sogar seiner eigenen Frau gegenüber. Er widersetzte sich Versuchen, ihm bei seiner Körperhygiene behilflich zu sein. Während eines Versuchs zu duschen boxte er meinem Mann so hart ins Gesicht, dass wir dachten, die Nase sei gebrochen. In den letzten Wochen seines Lebens weigerte er sich, ins Bett zu gehen und verbrachte die Nächte in einem Sessel sitzend. Alle Versuche seines Betreuers, ihn davon zu überzeugen, dass er seine Schuhe ausziehen und ins Bett gehen sollte, waren vergebens.

Als wir unseren Vater durch solche Qualen gehen sahen, blieb uns oft nichts anderes übrig, als uns hinzuknien und zu beten. Wir waren so hilflos in unseren Versuchen, für ihn zu sorgen, weil er sich so energisch dagegen wehrte. Das einzige, was wir tun konnten, war, einen Tag nach dem anderen auf uns zukommen zu lassen und nicht zu weit in die Zukunft zu schauen. Wir mussten uns wieder und wieder daran erinnern, dass dies nicht der Ehemann und Vater war, den wir kannten und liebten, sondern ein Mensch, der unter einer psychischen Krankheit litt, so wie andere Menschen an einer körperlichen Krankheit leiden.

Durch all diese Stürme hindurch hat meine Schwiegermutter an ihrem Versprechen festgehalten, in guten wie in schlechten Zeiten bei ihrem Mann zu bleiben, bis dass der Tod sie scheidet. Sie gab nie die Hoffnung auf, dass alles irgendwie gut werden würde. Ihre Treue und ihr Hoffen waren ein ungeheures Zeugnis für uns.

Der Tod unseres Vaters kam recht plötzlich. Erst weigerte er sich, Medikamente zu nehmen, dann verweigerte er Essen und Trinken. Dann fiel er in ein Koma und starb kurz darauf. Die Worte von Martin Luther King drücken am besten aus, was wir nach seinem Tod empfanden: „Endlich frei, endlich frei, danket dem Herrn, er ist endlich frei!"

Möge uns die Gnade geschenkt werden, so viel Geduld aufzubringen wie diese Frau. Dann werden wir feststellen, was für ein Segen darin liegt. Vielleicht werden uns dann auch die Augen für das geöffnet, worauf sich Detlef Manke oben bezogen hat: Wie eine demente Person sich oft in einer anderen Welt bewegt.

Rebekah, eine Freundin unserer Familie, hat diese Erfahrung im Umgang mit ihrem eigenen Vater gemacht. Richard Domer war ein hochintelligenter Mann, den ich schon als Schüler kannte. Richards Verständnis von Politik, Wirtschaft und sozialen Zusammenhängen machten ihn zu einer faszinierenden Person, ebenso wie sein Humor und seine Schlagfertigkeit. Als er jedoch an Alzheimer erkrankte, änderte sich einiges für ihn und seine Familie. Rebekah erzählt:

Am Anfang war es am Schlimmsten, weil die meisten Leute nicht glauben wollten, dass mit meinem Vater irgendetwas nicht in Ordnung war. Sein Verstand war so scharf und er konnte sich ohne Probleme an Begebenheiten und Zahlen erinnern. Dennoch wurde uns zunehmend bewusst, dass er mental abbaute. Am ehesten merkten es meine Mutter und ich, denn wir waren ihm am nächsten. Ab einem gewissen Zeitpunkt musste mein Vater aufhören selbst Auto zu fahren. Dann konnte er nicht mehr in seinem Büro arbeiten.

Ich machte mir Sorgen, dass ihn diese Veränderungen kränken würden, aber er akzeptierte sie voll Demut. Er ließ zu, dass meine Mutter und ich ihn nach Hause begleiteten und nahm es meistens dankbar an, wenn wir ihn an etwas erinnerten. Anstatt frustriert und verbittert zu werden, fand er neue Wege, die sein Leben mit Sinn erfüllten. Er verlor auch seinen Humor nicht. Eines Tages aßen wir Pralinen, in deren Verpackung sich je ein kleiner Spruch befand. In meinem Papier stand: „Zerbrich dir nicht den Kopf!" Mein Vater erwiderte: „Das gilt nur für Leute, die einen haben!"

Er verbrachte nun mehr Zeit mit meiner Mutter. Oft saßen sie unter einem Baum im Garten und redeten mit Freunden, die vorbeikamen. Er rauchte seine Pfeife, sie strickte. Er spielte auch mit seinen Enkeln, las ihnen vor und hörte zu, wenn sie abends von den Abenteuern berichteten, die sie den Tag über erlebt hatten. Meine Familie traf sich an Sommerabenden um ein kleines Lagerfeuer und wir sangen

Volkslieder. Meine Eltern waren beide sehr musikalisch und es gab eine ganze Reihe von Liedern, die mein Vater besonders mochte.

Es schien, als ob die Liebe unseres Vaters zu uns zunehmen würde. Er wurde sanfter und mitfühlender. Er war mehr auf uns angewiesen und nahm Hilfe dankbar an. Aber vor allem bezog er seine Kraft aus seinem tiefen Glauben an Jesus, der schon seit so vielen Jahren der Mittelpunkt seines Lebens gewesen war.

Seiner Fähigkeiten wurde Vater einer nach der andern beraubt: Er war ein begeisterter Boccia-Spieler, und dann kam der Tag, an dem er die Spielregeln nicht mehr verstehen konnte. Ich spielte Schach mit ihm, bis er auch das nicht mehr verstehen konnte. Dann versuchten wir es mit Scrabble. Das klappte, auch wenn Vater einige Wörter rückwärts oder von unten nach oben schrieb. Aber eines Tages sagte er mit Tränen in den Augen: „Nein, ich kann das nicht mehr...es ist ein Haufen Unsinn."

Nachdem meine Mutter gestorben war, wurde es eine richtige Herausforderung, sinnvolle Beschäftigungen für meinen Vater zu finden. Ich habe viele Stunden damit zugebracht, kurze Spaziergänge mit ihm zu unternehmen. Er liebte die Natur und freute sich immer, wenn wir Kindern begegneten, die wir kannten. Wir gingen zusammen Brombeeren pflücken. Abends saßen wir vor dem Haus und sahen dem Sonnenuntergang zu, während er seine Pfeife rauchte und mir Geschichten erzählte über meine Mutter, darüber wie er sich als junger Mann aufgemacht hatte, um den Sinn des Lebens zu suchen, oder er erzählte Geschichten aus seiner Kindheit. Ich habe dieselben Geschichten hunderte von Malen gehört, aber das hat mir nichts ausgemacht. Wir waren zusammen, und er war froh, dass ich bei ihm war und ihm bei allem zuhörte, woran er sich erinnern konnte. Am friedlichsten war es, wenn wir ihn einfach akzeptierten wie er war, ohne ihn zu Aktivitäten bewegen zu wollen, die ihm keine Freude mehr bereiteten. Wir lernten, seine Wirklichkeit anzunehmen und aufzuhören von ihm zu erwarten, er solle unsere Wirklichkeit verstehen.

Wie können wir Freude und Frieden finden, wenn wir jeden Tag damit konfrontiert werden, wie sich ein von uns so geliebter Mensch so drastisch verändert? Wie können wir das Positive sehen, wenn so viel von dem, was wir erleben, Verwirrung, Wut und vielleicht sogar Gewalt ist? Im neunzehnten Jahrhundert schrieb der württembergische Pfarrer Johann Christoph Blumhardt:

Wenn du leidest, dann kann dir ein Sieg gegen das Leid gegeben werden, und zwar so, dass es nicht nur für dich gewonnen wird, sondern auch, dass etwas gegen das Leid im Ganzen gewonnen wird. Wenn du in Krankheit hinein musst, so kannst du in der Krankheit und unter der Krankheit, wenn du treu bist, etwas gegen die Macht der Krankheit gewinnen, einen Sieg des Heilands dagegen herausschlagen. So habe ich es bei den sogenannten unheilbar Kranken gehabt – denen sage ich immer: Sei doch froh, dass du da drin steckst – jetzt schaffe du etwas in deine Lage hinein! In dein Leid hinein, in deine Not hinein, in deinen Tod hinein, in diese unheilbaren Gebiete, die wir noch vor uns sehen, da schaffe etwas vom Heiland herein! – dann hilfst du mit, dass wir endlich doch den Sieg gewinnen…

Auch wenn dein Geist leiden muss und du eingestehen musst, dass du kein so starker Mensch mehr bist – fürchte dich dennoch nicht! Es kann durch deine Schwäche so viel von dem Herrn Jesu, der lebendig geworden ist, in dich hineindringen, dass du am Ende als ein täglich Sterbender mehr lebst als viele stolze Menschen, die einen scheinbar gesunden Körper haben und sich wie die Herren dieser Welt aufführen. Du kannst noch viel stärker werden als ein Gesunder, wenn du leidest, was du zu erleiden hast, aber in den Kräften des ewigen Lebens stehst, je mehr die Kräfte des zeitlichen Lebens in dir abnehmen.

In Jesus liegt die Antwort zu allen unseren Nöten, und Gott weiß, wie es in einem Menschen aussieht, auch wenn wir es nicht wissen. Letztendlich kann und will Jesus uns gebrauchen, auch wenn unser Körper und unsere Seele nicht mehr so funktionieren, wie wir es gewohnt waren.

Carole Neal

„In vollen Zügen zu leben ist die beste Vorbereitung aufs Sterben."

7

Vorwärts gehen

Wir alle kennen alte Menschen, die fest entschlossen sind, bis zum Ende zu kämpfen, um nicht langsam in die Passivität abzusinken. Alles in allem ist das eine hervorragende Einstellung, und in der Tat kommt es einem so vor, als ob man in regelmäßigen Abständen vom „101 Jahre alten Marathonläufer“ hört. Aber was sollen wir machen, wenn wir entgegen unseren Vorsätzen gezwungen werden, kürzer zu treten? Martin Luther King, mit dem ich zusammen an den Protestmärschen der amerikanischen Bürgerrechtsbewegung in den 1960ern teilgenommen habe, hat den Menschen damals Mut gemacht, indem er ihnen sagte: „Wenn ihr nicht fliegen könnt, lauft! Wenn ihr nicht laufen könnt, geht! Wenn ihr nicht gehen könnt, kriecht! Bleibt auf jeden Fall in Bewegung!“

Carole Neal war eine Frau, die das in die Tat umgesetzt hat. Wie sie trotz ihrer Krebserkrankung im Endstadium in Bewegung blieb, versetzte jeden, der sie kannte, in Erstaunen. Einerseits war sie eine emotional sehr zerbrechliche Frau mit vielen Ängsten, andererseits besaß sie das Vertrauen eines Menschen, der weiß, dass er für den bevorstehenden Kampf gut ausgerüstet ist:

> Mal ganz ehrlich: Wenn – wie man das so sagt – „meine Zeit kommt", dann will ich doch schwer hoffen, dass keiner anfängt, diese Kirchenlieder zu singen, wo sich alles ums Herumschweben im Himmel dreht. Da würde ich ja denken, dass ich schon ins Grab steige! Es kann ja sein, dass diese Lieder ganz tief bedeutsame Texte haben, aber immer wenn ich sie höre, werde ich irgendwie an die ganzen deprimierenden Dinge im Leben erinnert. Ich weiß, dass das eigentlich nicht so sein sollte, aber so ist es nun mal...Ich brauche Energie, ich brauche Kraft für den Kampf. Und die kann ich mir direkt aus den Evangelien holen.
>
> Ich fange jeden Tag damit an, dass ich in den Evangelien lese, und es haut mich jedes Mal völlig von den Socken, wenn ich die Worte von Jesus lese,

diesem radikalen, revolutionären Jesus, der das Leben liebt. Er hatte dieses unglaubliche Mitgefühl für die Schwachen und die Sünder, aber den Starken und Mächtigen hat er richtig was zu hören gegeben (obwohl er sie auch lieb hatte), und er hatte einen tiefen Respekt für Gott, seinen Vater, der ja auch unser Vater ist. Aber frömmelnd war er nicht. Ich bin sicher, dass er einen Riesenspaß an allem hatte, was er gemacht hat.

Das klingt jetzt vielleicht komisch, aber für mich war der Kampf mit der Krankheit wie ein Abenteuer, das Abenteuer meines Lebens: Etwas bekämpfen, was absolut tödlich ist. Ich habe von Anfang an gewusst, dass ich nicht zulassen würde, dass irgendein Teil dieser Krankheit Besitz von mir ergreift. Ich wollte nichts von Leid hören; ich wollte nichts von Sterben hören; ich wollte nichts vom Himmel und von Engeln und all diesem Kram hören.

Aber wenn ich mir die Evangelien durchlese, dann denke ich, dass ich einen ziemlich guten Eindruck davon bekommen habe, wer Jesus ist. Das ist für mich das richtige Leben. Jesus hat alles Böse bekämpft und jeden ohne Einschränkung geliebt – mit Barmherzigkeit, aber auch ohne um den heißen Brei herumzureden. Nicht dass ich das auch so könnte, aber so wollte ich immer leben, mit diesem Feuer.

Es ist immer gut, eine kämpferische Haltung einzunehmen, wie Carole es gemacht hat. Aber sich an seine Unabhängigkeit zu klammern macht nicht unbedingt glücklich. Ich kenne einige Situationen, in denen ein sterbender Mensch sich selbst und auch seinen Mitmenschen das Leben schwer gemacht hat, weil er um jeden Preis an seiner Unabhängigkeit festhalten wollte, oder in denen jemand mit dem Leben nicht mehr zurechtkam, weil er die Realitäten des Älterwerdens einfach nicht annehmen konnte. Vielleicht war da die Angst, dass ein Akzeptieren des Alters eine Art Kapitulation sein würde. Aber ich glaube, dass es einen wichtigen Unterschied zwischen „loslassen" und „aufgeben" gibt.

In einem seiner bemerkenswertesten Gedichte vergleicht William Blake das Festklammern am Leben und seiner Schönheit mit einem Schmetterling, den wir vernichten, wenn wir ihn festhalten wollen.

Wer das Bleiben einer Freude will erzwingen,
Der zerbricht des Lebens zarte Schwingen.
Doch wer die Freude küsst, wenn sie enteilt,
Er lebt im Morgenrot der Ewigkeit.

Wie Blake sagt: Wir können etwas, das von Gott zu uns kommt, ersticken, wenn wir zu sehr daran festhalten; wenn wir weiterhin so leben wollen, wie wir immer gelebt haben: angenehm, bequem und oft auch schön. Aber eine solche Haltung kann uns daran hindern, die wahre Tiefe unseres Lebens zu erfahren, so wie Gott es für uns will. Meine ältere Schwester Roswith Mason hat das erlebt, und es war nicht leicht für sie. Zuerst musste sie ihre zehnjährige Tochter loslassen, die an Knochenkrebs erkrankt war, der nicht erfolgreich behandelt werden konnte. Zwanzig Jahre später erkrankte sie selbst an Krebs. Nur zwei Wochen später wurde bei ihrem Mann David ebenfalls Krebs diagnostiziert. Ein halbes Jahr später war er tot. Sie erzählt:

> Wenn man jung ist, denkt man nicht an den Tod – ich zumindest habe es nicht getan. Man ist einfach voller Leben und Energie, voller Ideen für die Zukunft. Aber mein Krebs hat mich dazu gebracht, mich mit meiner Sterblichkeit auseinanderzusetzen. Durch ihn musste ich mehr auf andere hören als vorher, ich musste auch begreifen, dass ich körperlich nicht mehr so viel konnte wie früher. Dadurch habe ich viel über Demut gelernt.

In den Jahren seit Davids Tod habe ich gegen meine Krankheit angekämpft. Ich bin kein Mensch, der schnell aufgibt, auf diesem Weg habe ich jedoch Schritt für Schritt gelernt loszulassen. Ich war immer eine unabhängige Frau, die ihren Alltag selbst organisieren und alles Notwendige erledigen konnte. Aber als David nicht mehr da war und meine Krankheit anfing, sich bemerkbar zu machen, musste ich akzeptieren, dass andere Menschen Dinge für mich erledigen, die ich normalerweise selbst getan hätte.

Meine Arbeit als Realschullehrerin mit den Kindern habe ich sehr geliebt, im Klassenzimmer genauso wie draußen bei Projekten. Und auf einmal hatte ich dazu keine Kraft mehr. Ich war immer davon ausgegangen, dass ich in den Lebensbereichen, die ich liebe, solange wie möglich aktiv bleiben würde: Lehrerin sein, Geschichte, Nähen, Gartenarbeit. Jetzt musste ich akzeptieren, dass ich nur noch eine unterstützende Rolle spielen konnte. Wieder und wieder musste ich loslassen und ganz bewusst die Entscheidung treffen, mein Selbstwertempfinden nicht daran festzumachen, wie viel ich für andere tun kann.

Überraschenderweise wurde das im Laufe der Zeit einfacher! Inzwischen ist es nicht mehr so eine große Sache. Ich hatte tolle Chancen in meinem Leben, und jetzt sind die Jüngeren an der Reihe. Mein Beitrag ist nicht so wichtig – die Welt wird sich auch ohne mich weiter drehen. Ich muss mich einfach dem Willen Gottes fügen und auch den Menschen, die mich lieben und die nun für mich sorgen.

Ich kann verstehen, dass es manchen schwer fällt, sich dem zu fügen. Für mich war es zuerst auch schwer. Aber ich weiß, wofür ich alles dankbar sein kann. Mein Leben war gesegnet, trotz einiger schwieriger Zeiten und trotz vieler Fehler, die ich gemacht habe. Dazu habe ich die Freude, von Familie und Freunden umgeben zu sein.

Zwei Jahre nach meiner ersten Krebsdiagnose wurde festgestellt, dass ich außerdem noch Brustkrebs habe. Und als ob das noch nicht genug wäre, bekam ich eine Lungenentzündung nach der anderen. Ich nahm viele Medikamente und die Dosierungen wurden stärker und stärker. An einem Punkt musste ich einfach anhalten und mir die Frage stellen: „Wohin führt das alles? Was ist eigentlich Gottes Wille in all dem?"

Ich habe dann viel gebetet und mit meinen Kindern und mit Freunden, denen ich vertraue, darüber gesprochen. Dadurch wurde mir klar, dass ich mein Leben Gott anvertrauen muss. So entschloss ich mich, zwar weiterhin Schmerzmedikamente zu nehmen, aggressive Medikamente zur Bekämpfung der Lungenentzündung jedoch abzusetzen. Stattdessen entschloss ich mich, mich mehr aufs Gebet und auf die Unterstützung der Menschen, die sich so liebevoll um mich kümmerten, zu verlassen. Damit wollte ich durchkommen, was immer „durch" bedeuten würde.

Es war keine leichte Entscheidung. Ich wollte einen Mittelweg finden zwischen einer vollständigen Absage an die Medizin und einer totalen Kapitulation vor ihr. Ich wusste, dass meine eigenen Abwehrkräfte sehr geschwächt waren und dass es kritisch werden könnte, wenn ich wieder eine Lungenentzündung bekommen würde. Aber die erstaunliche Tatsache ist, dass ich seitdem mehrere Lungenentzündungen hatte und dass mir Gott jedes Mal hindurchgeholfen hat. Ich bin immer noch hier, und ich habe keineswegs aufgegeben.

Es ging jedes Mal durch innere Kämpfe, um wieder Frieden zu finden, wenn ich mich fragte: „Bin ich bereit, wenn dies das Ende ist?" Aber ich bin immer in der Lage gewesen, Gottes Plan für mich anzunehmen. Dadurch habe ich inneren Frieden gefunden und

> weiß, dass alles nach Gottes Plan geschieht. Ich habe gelernt, mit Jesu Worten zu beten: „Doch nicht wie ich will, sondern wie du willst" (Matthäus 26,39).

Viele von uns wollen nicht loslassen. Aber Jesus sagt: „Wer sein Leben retten will, wird es verlieren; wer aber sein Leben verliert um meinetwillen, wird es finden" (Matthäus 16,25). Loslassen bedeutet, sein Leben in Gottes Hand zu geben und nach seinen Bedingungen zu leben. Wenn uns Gott dann die Kraft gibt weiter zu machen, sollten wir unser Bestes geben.

Wenn unser Leben nicht mehr von unseren eigenen Anstrengungen abhängig ist, können wir Frieden finden und wie Roswith akzeptieren, dass Gott vielleicht etwas anderes mit uns vorhat.

Wenn wir unseren eigenen Willen loslassen und alles, was hätte sein können und hätte sein sollen, wenn wir unser Versagen und unsere Fehler in Gottes Hand legen, dann können wir vorwärts gehen in die uns verbleibenden Jahre, bereit, seinen Willen zu tun. Diese Jahre können lohnend und sinnerfüllt sein, voller Dankbarkeit und Freude anstelle von Angst und Sorge. Henri Nouwen sagt hierzu:

Du hast immer noch Angst zu sterben. Vielleicht ist diese Angst mit deiner tiefen, uneingestandenen Sorge verbunden, dass Gott dich nicht als sein Kind annehmen wird. Die Frage „Warum muss ich sterben?" ist mit dieser Angst verknüpft. Du hast diese Frage als kleines Kind gestellt, und sie ist immer noch da. Gott hat dich gerufen, seit du im Schoß deiner Mutter gebildet wurdest (Psalm 139). Es ist deine Berufung, diese Liebe zu empfangen und sie wieder zurückzugeben. Von Anfang an hast du wie jeder Mensch die Macht des Todes gespürt. Diese Mächte haben dich äußerlich (durch Alter und Krankheit) und innerlich (durch Versuchung und Sünde) attackiert – all die Jahre deines Aufwachsens hindurch – und diese Angriffe werden weitergehen. Aber auch wenn du dich oft überwältigt gefühlt hast, bist du im Glauben treu geblieben. Halte dich daran fest. Wisse, dass die Mächte der Finsternis letzten Endes keine Gewalt über dich haben werden.

Darum geht es: Bleib im Glauben treu und halte dich daran fest. Wenn wir das tun, werden wir feststellen, dass es keine Rolle spielt, wie lange wir leben. Gott interessiert sich mehr dafür, dass wir ihm einfach dienen und ihm bis zum Ende vertrauen. Denn echte

Lebenszeit wird nicht in Jahren gemessen, sondern daran, wie wir unserer Bestimmung gemäß leben. Das ist der Sinn unseres Lebens, und er besteht darin, unsere Mitmenschen zu lieben.

Herbert Rogers war ein Straßenprediger in New York, den ich erst gegen Ende seines Lebens kennenlernte. Er ist ein Beispiel dafür, dass es viel wichtiger ist, wie wir alt werden, als wie alt wir werden. Es gibt ein Sprichwort: „Du kannst dem Leben nicht mehr Jahre geben, aber den Jahren mehr Leben!" Obwohl Herbert nur fünfzig Jahre alt wurde, erreichte er mehr in seinem Leben als die meisten von uns, die wesentlich länger leben.

Bei seiner Beerdigung wurde Herbert nicht nur als Bruder, Ehemann und Vater gewürdigt, sondern auch als Pastor, Friedensstifter, Freund und als Fürsprecher von Menschen, die nicht einmal seine eigene Familie kannte. Sogar die örtliche Polizei und der Staatsanwalt, die ihn unzählige Male festgenommen und verurteilt hatten, waren anwesend, um ihren Respekt zu bekunden. Herberts Leben hatte sich in der Hauptsache um Drogen und Waffen gedreht und er hatte Jahre im Gefängnis verbracht. Dann entschloss er sich, sein Leben zu ändern und für andere Menschen da zu sein. Er war voll Freude über seine eigene Erlösung und überzeugt, dass auch das Leben anderer wiederhergestellt und erlöst werden kann.

Herbert ließ sich keine Gelegenheit entgehen, seine Zuhörer daran zu erinnern, wer es war, der sein Leben verändert hatte: Es war im Jahr 1995 gewesen, als er auf dem Boden seiner Gefängniszelle gekniet und Jesus gebeten hatte, in sein Leben zu kommen: „Wenn alles wahr ist, was ich über dich gehört habe, dann komm in mein Leben und verändere mich!" Von diesem Moment an ging sein Leben zielstrebig in eine Richtung. Für ihn war keine Seele zu kaputt, um nicht von Gott geheilt zu werden, kein Krimineller zu verkommen und kein zitternder Junkie zu weit vom Weg abgewichen, um nicht gerettet zu werden. Und so trug er seine Botschaft eines neuen Lebens an Orte, an die sonst keiner gehen wollte: Gefängnisse, Krankenhäuser, Obdachlosenunterkünfte, zugemüllte Hinterhöfe und dunkle Seitengassen.

Als bei ihm mit fünfzig eine unheilbare Krebserkrankung diagnostiziert wurde, war seine Reaktion darauf nicht unerwartet: Obwohl er Schmerzen hatte und sich um die Zukunft seiner Familie sorgte, machte er von Anfang an klar, dass er nicht vorhatte, die letzten Wochen seines Lebens in einem Krankenhaus zu verbringen. Es gab Tränen und sogar Wut, aber er zweifelte nicht eine einzige Minute daran, dass er zu Gott gehen würde. Sein unbeirrbarer Glaube half ihm, bis zum Ende seinen Weg zu gehen. „Es geht nicht um mich", sagte er einmal, als er schon bettlägerig war, „es geht einfach darum, Gottes Arbeit zu erledigen."

Herberts Beispiel zeigt, dass es nie zu spät ist, sein Leben zu ändern und anzufangen, für andere da zu sein, mit ihnen zu teilen und sich positiv einzubringen. Im Gleichnis von den Arbeitern im Weinberg bekommen die, die erst in der letzten Stunde kommen und mitarbeiten, den gleichen Lohn wie die, die den ganzen Tag lang gearbeitet haben (Matthäus 20,1–16). Für Jesus ist es wichtig, dass wir zu ihm gehören. Es ist für ihn unwichtig, wie lange das schon so ist. Ob wir schon früh oder erst spät im Leben anfangen, unseren Mitmenschen zu dienen und sie zu lieben – es gibt immer noch Möglichkeiten dazu, egal wie krank oder schwach wir sind.

Herbert Rogers

„Keine Seele ist zu kaputt, um Erlösung zu finden."

8

Frieden finden

FÜR DIE MEISTEN MENSCHEN kommt ein Moment, an dem sie merken, dass ihr Leben dem Ende zugeht. Wir alle wollen in Frieden sterben, aber wie sollen wir diesen Frieden finden? Echter Friede erfordert Anstrengung. Alte Verletzungen und Groll können tief in unserem Unterbewusstsein vergraben sein, aber sie sind trotzdem noch da und stehen trennend zwischen uns und anderen. Wir können sagen, wir wollen keine schlafenden Hunde wecken, oder wir können diese Probleme aufdecken und angehen. Das erste ist zwar einfacher, aber ich habe oft miterlebt, dass diejenigen, die den schwierigeren Weg wählen, hinterher besser der Zukunft ins Auge schauen können, weil ihnen die Vergangenheit nicht mehr auf der Seele lastet. Leider erleben viele Menschen dies nie und verbringen ihre letzten Jahre in Bitterkeit. Ich habe auch miterleben müssen, wie geliebte Menschen ihr Leben ruiniert haben, weil sie nicht vergeben konnten.

Das Alter sollte eine Zeit sein, in der vergangene Fehler korrigiert werden. Dazu braucht man Demut und die Bereitschaft zu vergeben. Jesus sagt uns, dass wir bereit sein müssen, jemandem gegebenenfalls „siebzig mal sieben" Mal zu vergeben (Matthäus 18,22). Er sagt auch, dass wir anderen vergeben müssen, um selbst Vergebung zu erhalten. Am schwersten fällt es vielen Menschen, sich selbst zu vergeben, aber der Gewinn ist immens: Plötzlich fühlt man sich wieder wie ein Mensch; man ist wieder in der Lage, die Not anderer zu fühlen.

Das ist natürlich unser gesamtes Leben lang wichtig, aber mehr noch, wenn wir uns auf die Stunde unseres Todes vorbereiten. Wer zuversichtlich sein kann, dass seine Sünden vergeben sind und dass er denen vergeben hat, die sich gegen ihn versündigt haben, dem kann am Lebensende viel Seelenqual erspart bleiben. Selbst wenn wir große körperliche Schmerzen haben, können wir doch den Frieden spüren, den Jesus gibt – vielleicht ganz anders, als wir uns das vorstellen. Jesus selbst hat gesagt: „Frieden lasse ich euch, meinen Frieden gebe ich euch;

nicht wie die Welt gibt, gebe ich euch" (Johannes 14,27). Wenn uns Frieden gegeben wird, können wir ihn auch mit anderen teilen.

Rachel (Name geändert), eine jüdische Nachbarin, erkrankte mit siebzig Jahren unheilbar an Krebs. Sie hatte lange Zeit als Familien- und Eheberaterin gearbeitet und vielen Menschen geholfen, einen Weg zur Versöhnung zu finden. Nun merkte sie, dass ihr genau dieser Frieden fehlte, den sie durch Zuhören und Beratung anderen hatte vermitteln wollen. Als ihre Erkrankung fortschritt und das Ende ihres Lebens näher rückte, wollte sie nicht alleine, ruhelos und mit ungelösten Konflikten sterben. Sie wusste genau, dass sie unbedingt ihrem Bruder vergeben musste, mit dem sie jahrelang nicht gesprochen hatte. Dann sagte sie mir: „Weißt du, da ist noch etwas, was ich machen muss. Ich muss meiner Mutter vergeben. Sie war immer eifersüchtig auf mich, auf all die Möglichkeiten, die ich im Leben hatte. Sie selbst musste dreimal alles aufgeben, was sie hatte, und völlig neu anfangen. Die meisten ihrer Lebensziele musste sie loslassen. Erst jetzt verstehe ich, wie mutig sie gewesen sein muss, um all das zu durchleben, was damals passiert ist."

Mitglieder meiner Kirche boten an, Rachel während der letzten Tage ihres Lebens zu pflegen, und meine Frau und ich besuchten sie oft. Es war mir eine Ehre, dass sie mich ihren „Oberrabbiner“ nannte, obwohl ich nicht jüdisch bin. Während wir mit ihr zusammensaßen, erzählte sie uns von ihrem Leben, auch von den besonders schweren Momenten, in denen sie mit Suizidgedanken zu kämpfen hatte.

Eines Abends hob Rachel plötzlich beide Hände empor, als ob sie beten wollte. „Ich will ein Dankgebet sprechen“, flüsterte sie leise. „Meint ihr, dass ich heute Nacht gehen werde? Ich glaube, so wird es sein. Ich habe dafür gebetet, dass ich nicht alleine sterben muss. Das ist mir gewährt worden.“

Wenige Tage bevor Rachel starb kam ihr Bruder zu ihr und sie versöhnten sich. Danach war sie bereit, alles loszulassen: Sie hatte Frieden gefunden.

Meine Begegnung mit Rachel und vielen anderen hat mir bewusst gemacht, dass wir vor allem die Gewissheit der Sündenvergebung brauchen. Dann gibt es keinen Grund, den Moment zu fürchten, wenn wir vor unserem Schöpfer stehen.

Wenn wir keine Versöhnung mit denen finden, die

wir verletzt haben, und denen nicht vergeben, die uns verletzt haben, dann werden wir es sehr schwer haben, wenn wir diese Welt verlassen müssen. Ben Zumpe, einer meiner Cousins, hat sich mit dieser Frage auseinandergesetzt. Er war ein unerschütterlicher Optimist, der das Leben von ganzem Herzen liebte. Aber nur wenige Tage, nachdem bei ihm Krebs im fortgeschrittenen Stadium diagnostiziert worden war, akzeptierte er, dass er bald sterben würde, wahrscheinlich innerhalb der nächsten paar Monate. Nur die Entfremdung zwischen ihm und seinen erwachsenen Söhnen lastete schwer auf seiner Seele. Einige Jahre zuvor hatte es Konflikte gegeben und man ging nun getrennte Wege. Alle Versuche, die Beziehungen zu verbessern, waren seitdem vergeblich geblieben. In dieser Situation meinte Ben zu mir: „Ich will auf keinen Fall, dass meine Jungs den Eindruck haben, ihr Vater würde ihnen etwas nachtragen. Sie sollen wissen, dass wir sie als Eltern lieben und immer noch für sie beten."

Also machte sich Ben daran, seinen Söhnen einen Brief zu schreiben. Er schob es immer wieder vor sich her, aber schließlich war der Brief fertig. Er sehnte sich nach Frieden und wusste, dass auch er Fehler gemacht hatte, aber er war gleichzeitig davon überzeugt, dass er aus Liebe zu seinen Söhnen Klartext mit ihnen reden musste. Hier sind Auszüge aus seinem Brief:

Meine sehr geliebten Kinder,

voller Liebe schreibe ich Euch diesen Brief, denn ich habe Krebs und liege bereits auf dem Sterbebett. Ich weiß nicht, wie viele Tage, Wochen oder Monate mir noch bleiben. Anders ausgedrückt: Ich weiß nicht, wie lange es noch sein wird, bis Gott mich zu sich nimmt. Umso mehr möchte ich mich an Euch wenden in der Hoffnung, dass Ihr Jesus findet. Er kam auf diese Erde, um eine neue Botschaft zu verkünden, damit alle Menschen durch ihn erlöst werden und ein neues, ewiges Leben finden. Aber ihm zu folgen bedeutet, den Kampf aufzunehmen zwischen Gut und Böse, zwischen Licht und Finsternis, zwischen Gott und Satan.

Meine geliebten Kinder, wie ich schon gesagt habe, liege ich auf dem Sterbebett. Ich möchte Euch wissen lassen, dass ich für Euch bete und Euch liebe. Habt Ihr vergessen, wie oft ich mich zum Beispiel um jeden einzelnen von Euch gekümmert habe, als Ihr in der Schule wart? Ich will Euch auch wissen lassen, wie sehr es mir wehtut, dass wir nicht direkt miteinander reden können. Immerhin habe ich im Laufe der letzten Jahre jeden von Euch eingeladen, mich zu besuchen. Das Angebot besteht noch immer. Es ist nie zu spät, dass beide Seiten Vergebung finden. Wendet Euch zu Gott, zum Leben hin! Es geht darum, für das Gute, für den heiligen Geist zu leben.

Ihr sollt wissen, dass ich dies hier aus tiefstem Herzen schreibe. Ich möchte Euch nicht verurteilen oder irgendwie unter Druck setzen. Jesus will Menschen, die ihm aus freiem Willen folgen, nicht weil sie Angst haben. Trotzdem wird jeder von uns irgendwann vor dem Schöpfer stehen. In diesem Sinne habe ich diesen Brief an Euch geschrieben.

Mit bangem Herzen schickte Ben den Brief ab. Es war bemerkenswert, dass alle Söhne positiv reagierten. Einer nach dem anderen kam im Laufe der folgenden Monate zu Besuch. Sie baten sich gegenseitig um Vergebung und schlossen Frieden.

In den letzten Tagen seines Lebens besuchte ich Ben täglich. Wir waren zusammen aufgewachsen und standen uns sehr nahe. Wir konnten nicht viel mehr tun als miteinander ein Gläschen Brandy trinken und Gott für die Versöhnung danken, die stattgefunden hatte. In dieser Zeit lachten wir viel und weinten viel.

Bens Todeskampf war einer der schwersten, die ich je erlebt habe. Als es auf das Ende zuging, wurde sein Körper von Krämpfen geschüttelt. Ben konnte nicht mehr sprechen, aber seine Augen sprachen zu uns, während wir ihm die Stirn kühlten. Aber ich wusste, dass er trotz seiner großen Schmerzen auf die Nähe Gottes vertraute. Ben wusste, dass die Vergebung, die Gott jedem von uns durch den Opfertod von Jesus anbietet, noch wichtiger ist als die Vergebung, die zwischen ihm und seinen Söhnen stattgefunden hatte. Ein paar Wochen vor seinem Tod hatte er mir erzählt:

> Der Gedanke an meinen Tod wäre unerträglich, wenn da nicht Jesus wäre, der für mich gelitten hat und am Kreuz gestorben ist. Jesus hat auf Golgatha gelitten und Gottverlassenheit erlebt, und das hat er für mich getan. Ich weiß, dass das, was Jesus erleiden musste, tausendmal schlimmer war als alles, was ich je erleben werde, denn alle Dämonen der Erde haben ihn angegriffen und versucht, ihn zu Fall zu bringen. Aber am dritten Tag ist er auferstanden. Ich glaube an die Auferstehung und an die Vergebung der Sünden.

Bens Geschichte macht Mut. Aber wie sollen wir mit den schwierigen Situationen umgehen, wenn der sterbende Mensch zum Beispiel geschieden ist? Wie ist es mit all den zerbrochenen Familien, alleingelassenen Eltern und kaputten Beziehungen? Können wir auch hier Frieden finden, sogar wenn es keine Hoffnung auf Versöhnung zu geben scheint? Ich glaube ja, aber auch hier muss am Anfang Vergebung stehen. Sterbende müssen vergeben, aber sie müssen vielleicht auch selbst Vergebung suchen. Wenn wir ihnen vergeben, erlauben wir ihnen zu gehen.

Charles Williams war lange Zeit Polizist in einer amerikanischen Kleinstadt. Ich kenne ihn schon seit vielen Jahren, er begleitet mich oft, wenn ich in Schulen darüber spreche, wie man durch Gewaltlosigkeit und Vergebung zwischenmenschliche Probleme lösen kann.

Er selbst hat nicht immer daran geglaubt. Zu meinen Vorträgen ist er zunächst überhaupt nur in seiner Funktion als Polizist gekommen. Aber der Gedanke, anderen zu vergeben, hat ihn nicht mehr losgelassen, und mittlerweile erzählt er seine eigene Geschichte fast wöchentlich – in der Hoffnung, anderen Menschen zu helfen, ihr Leben zu ändern.

Charles wuchs in einem Alkoholikerhaushalt auf.

Seinen Schilderungen nach trank seine Mutter nicht nur hin und wieder, sondern ihr ganzes Leben bestand aus Alkohol. Als Kind musste er immer wieder den Streit zwischen seinen Eltern erleben; eine traumatische Erfahrung. Ein Bild hat sich ihm besonders eingeprägt: Sein Vater hält den Mantel der Mutter fest, während sie sich aus dem Mantel herauszuwinden versucht und schließlich aus dem Haus rennt und schreit: „Haltet die Welt an, ich will aussteigen!" Er erinnert sich daran, wie er mit seinen Eltern beim Abendbrot sitzt und versucht, ein „guter kleiner Junge" zu sein und sein Abendbrot zu essen, während ihm die Tränen die Wangen herunterlaufen, denn handfeste Streitigkeiten waren an der Tagesordnung. Oft kam er am Morgen die Treppe herunter, um seine Mutter bewusstlos auf dem Sofa zu finden, auf dem Teppich Brandflecken und Zigarettenstummel. In diesen Momenten musste er daran denken, wie knapp sie schon wieder einem Hausbrand entkommen waren.

Im Rückblick sieht Charles, dass er dreißig Jahre lang einen ungeheuren Hass auf seine Mutter gehabt hat – einen Hass, der sein gesamtes Leben beeinträchtigt hat und ihn dazu gebracht hat, sehr schlechte

Entscheidungen zu treffen. Er war zeitweise so verzweifelt, dass er mit dem Gedanken spielte, sich zu erschießen, als er das erste Mal seine Dienstwaffe ausgehändigt bekam.

Nachdem wir wiederholt zusammen über die Kraft der Vergebung gesprochen hatten, besuchte Charles seine Mutter, die noch in dem Haus lebte, wo er aufgewachsen war. Er saß ihr gegenüber an demselben Tisch, mit dem so viele schlechte Erinnerungen verbunden waren – und vergab ihr. Charles erinnert sich an das Gefühl: „Es war, als ob ein schwerer Rucksack, den ich jahrelang getragen hatte, von meinen Schultern genommen würde. In dem Augenblick verwandelte sich meine Mutter von dem feuerspuckenden Drachen, den ich aus meiner Kindheit in Erinnerung hatte, in die alte, gebrechliche, kranke Frau, die sie tatsächlich war – die Mutter, die ich nie wirklich gehabt hatte."

Einige Jahre später lag sie sterbend im Krankenhaus. Charles saß an ihrem Bett und erzählte ihr unter Tränen, dass er ihr vergeben hatte und sie liebte. Sie hatte sich schon mehrere Tage lang nicht bewegt, aber jetzt legte sie ihre Hand auf seine, um ihn mit ihrer mütterlichen Liebe zu trösten.

„Das hätte ich nie erleben können, wenn ich ihr nicht vergeben hätte", erinnert sich Charles. „Es ist nie falsch, das Richtige zu tun. Verschwendet eure Zeit nicht damit, Groll, Wut und Hass in euch herumzutragen, so wie ich es gemacht habe. Hört auf die kleine, leise Stimme des Gewissens und vergebt, auch wenn es das Allerletzte ist, wonach euch der Sinn steht."

Es ist leichter, dem Tod ins Auge zu sehen, wenn wir unser Leben im Dienst für andere gelebt haben. In den „Brüder Karamasow" erzählt Dostojewski die Geschichte einer Frau, deren Angst vor dem Tod so groß war, dass sie „Leid, Schrecken und Furcht" erlebte. Sie fleht den Priester Sosima an, er möge sie von einem Leben nach dem Tod überzeugen. Sosima gibt zur Antwort, dass eine solche Gewissheit nur aus Liebe entspringen könne.

> Versuche deine Nächsten unablässig und tätig zu lieben. Je mehr es dir gelingt, desto mehr wirst du von der Existenz Gottes und der Unsterblichkeit deiner Seele überzeugt sein. Wenn du deinen Nächsten in völliger Selbstlosigkeit lieben kannst, dann wirst du völlige Gewissheit im Glauben haben und kein Zweifel wird deine Seele betreten können. Dies ist erprobt. Es ist sicher.

Ein anderes wichtiges Mittel, um Frieden zu finden, ist die Beichte. Sie ist eine der schwersten, aber auch eine der besten Wege zum Frieden, denn sie befreit unser Herz von Furcht und gibt uns Liebe – zuerst zu Jesus und dann zu unseren Mitmenschen.

Die Beichte ist nicht nur etwas für Katholiken. Wir müssen einen vertrauenswürdigen Seelsorger finden oder einen anderen Menschen, dem wir vertrauen. Das kann sogar unser Ehepartner oder ein erwachsenes Kind sein, mit dem wir frei sprechen können. Wer über die Fehler und Sünden sprechen kann, die er begangen hat und jetzt bereut, der wird von ihrer Last befreit. Was früher falsch gelaufen ist, ist dann wirklich vorbei. Der Segen der Beichte kann zu jeder Zeit gegeben werden.

Das ist mir besonders deutlich geworden, als ich mit Richard Scott zusammengearbeitet habe. Gemeinsam mit mir hat er den Dienst des Gemeindevorstehers in unserer Gemeinde wahrgenommen. Wir beide haben viele sterbende Menschen seelsorgerlich betreut, aber nie hätte ich daran gedacht, dass ich eines Tages ihm selbst diesen Dienst erweisen würde. Als er einundsechzig Jahre alt war, wurde bei ihm eine aggressive Krebserkrankung diagnostiziert. Seine Frau Kathy und er hatten eine große Familie und dazu eine erhebliche Verantwortung in unserer Gemeinde. Obwohl er sich einer Operation unterzog, war er neun Monate später tot.

Richard hat sich selbst nicht als alten Menschen gesehen. Wie er seine letzten Tage genutzt hat, hat alle, die ihn kannten, zum Nachdenken gebracht. Unzählige Male hat er die Menschen, die er traf, aufgefordert, für ihre Mitmenschen und für Jesus zu leben. Er war kein Heiliger, aber er fand Frieden, indem er sich anderen Seelsorgern anvertraute und sich aufrichtig bemühte, alle Missverständnisse zu bereinigen, die mit anderen Gemeindegliedern aufgetreten waren.

Zu einem gewissen Zeitpunkt entschied Richard, sich nicht weiter medizinisch behandeln zu lassen. Dieser Schritt fiel ihm und Kathy zwar zuerst schwer und musste innerlich durchkämpft werden, aber dann brachte ihnen diese Entscheidung einen tiefen Frieden:

> Für mich geht es nicht darum, wie viel Zeit mir bleibt, sondern wie ich sie nutze. Ich glaube, dass die Frohe Botschaft für mich jetzt viel lebendiger und realer werden wird, nachdem ich alles in Gottes Hand

gelegt habe. Meine Lage hat mich dazu gezwungen, darüber nachzudenken, was es bedeutet, mich an Gott zu wenden und ihm völlig zu vertrauen. Es hat mich sehr berührt, als ich gemerkt habe, wie viele Menschen für mich beten, darunter viele, die ich kaum kenne. Es ist ungeheuerlich tröstend, wenn sich Menschen umeinander kümmern. Für mich ist es die wichtigste Hilfe, die ich empfangen habe.

Im Gleichnis vom ungerechten Richter zeigt Jesus uns, dass dieser Kampf viel Anstrengung bedeutet. Die Witwe musste immer wieder zum Richter gehen, bis er schließlich genug hatte und ihr gab, was sie wollte (Lukas 18,1–5). Natürlich antwortet Gott uns nicht, weil er „genug von uns hat" – er liebt uns! Aber er verlangt von uns, dass wir für das arbeiten, was wir brauchen. Er gibt nicht einfach immer sofort, sondern manchmal will er sehen, ob es uns wirklich ernst ist mit unserer Bitte.

Ich will nicht um ein längeres Leben bitten. Es ist mir in dieser Zeit sehr klar und deutlich gezeigt worden, wie unwichtig und unbedeutend mein Leben ist. Wenn Gott will, dass ich länger lebe, dann wird es ohne Zweifel so sein. Wenn nicht, dann nicht. Eine viel größere Gabe als ein längeres Leben ist, wie wir uns gegenseitig ermutigen können, anstatt in Traurigkeit und Hoffnungslosigkeit zu versinken. Ich möchte die Zeit, die mir bleibt, damit verbringen, von Gottes Reich Zeugnis zu geben.

In jedem Herz ist der Wunsch, Frieden zu finden. Womit ich am meisten gerungen habe ist die Erkenntnis, was für ein Sünder ich bin. Es gab Zeiten, da habe ich mich geschämt, für Christus Zeugnis zu geben, weil es mich in eine schwierige Situation gebracht hätte oder weil es mir peinlich gewesen wäre. Aber wir sind immer aufgerufen, uns selbst vollständig zu verleugnen und alles zu geben. Wir wissen nicht, was Gott von uns verlangen wird. Aber wenn wir uns selbst verleugnen und das Kreuz Christi auf uns nehmen, wird uns nicht nur tiefer Friede, sondern auch große Freude zuteil werden. Ich wünsche mir so sehr, dass ich bereit bin, wenn Gott mich zu sich ruft.

Meine Frau und ich haben viele Sterbende begleitet. Es ist sehr deutlich zu sehen, wenn ein sterbender Mensch sein Leben damit verbracht hat, anderen zu helfen. Man kann den Frieden in seinem Gesicht erkennen und um ihn herum spüren. Aber wenn jemand sein Leben nur für sich selbst gelebt hat, dann ist das Sterben ein Kampf und der Tod ein Schreckgespenst.

Diese Menschen fürchten sich vor dem, was kommt. Aber selbst wenn wir im Dienst für andere gelebt haben, können uns Zweifel beschleichen. Mein Vater hat mir erzählt, dass er sich oft gefragt hat, ob er von seinem Leben würde sagen können: „Es ist vollbracht." Aber wir brauchen nicht daran zu zweifeln, dass wir in unserer letzten Stunde Frieden finden werden. Christoph Friedrich Blumhardt schreibt:

> Die Hauptfrage unseres Lebens ist: Wann bist du fertig gereift? Ist deine Aufgabe fertig, gut, dann stirbst du in Freuden. So stirbt Jesus mit Freuden und sagt: „Es ist vollbracht." Alles Leid liegt im Nicht-Fertigwerden; soviel Unfertiges mit sich schleppen, das gibt Weinen. Aber diese Tränen will Gott von unseren Augen wischen; er will uns unsere Fehler verzeihen, er will den Schaden wieder gutmachen und uns auf einen neuen Boden stellen. Was wir nicht fertiggemacht haben, das macht er fertig. Dann ist die Auferstehung da.

Wenn wir unseren Mitmenschen dienen und Vergebung üben, dann werden wir bereit sein, wenn Gott uns zu sich ruft. Niemand kennt die Stunde seines Todes; Jesus sagt, sie wird kommen wie ein Dieb in der

Nacht (Matthäus 24,43). Vielleicht haben nicht alle von uns die Chance, uns wieder zu versöhnen, so wie Ben und seine Söhne. Aber allen von uns hat Jesus ein Versprechen gegeben, an dem wir Halt und Hoffnung finden können, wenn wir Ängste oder Sorgen haben:

> Euer Herz erschrecke nicht! Glaubt an Gott und glaubt an mich! In meines Vaters Haus sind viele Wohnungen. Wenn's nicht so wäre, hätte ich dann zu euch gesagt: Ich gehe hin, euch die Stätte zu bereiten? Und wenn ich hingehe, euch die Stätte zu bereiten, will ich wiederkommen und euch zu mir nehmen, damit ihr seid, wo ich bin. Und wo ich hingehe, den Weg wisst ihr (Johannes 14,1–4).

Richard Scott

„Ich möchte die Zeit, die mir bleibt, damit verbringen, von Gottes Reich Zeugnis zu geben."

9
Abschied nehmen

WENN WIR UNS dem Tod nähern, gibt es immer auch praktische Angelegenheiten, um die wir uns noch kümmern müssen. Das sollte uns aber nicht vom Wesentlichen ablenken. Das Lebensende ist eine Zeit, in der wir unsere Herzen dem zuwenden müssen, was ewig ist und vom Geist Gottes kommt.

Trotzdem ist es nie falsch, unsere Wünsche für den Fall unseres Todes zu äußern, solange es uns noch möglich ist. Das kann in einem Testament festgehalten und von den Betroffenen bestätigt werden. Es ist leichter, Abschied zu nehmen, wenn es keine Unklarheiten über Erbanteile oder andere finanzielle Angelegenheiten gibt. Hat Jesus nicht gesagt: „Du kannst nicht beiden dienen: Gott und dem Geld" (Matthäus 6,24)? Friede ist wertvoller als jedes Bankkonto.

Obwohl jede Situation anders ist und ich mir niemals anmaßen würde, einer Familie vorzuschreiben, was sie zu tun hat, würde ich dennoch bei Maßnahmen, die das Leben künstlich verlängern, zur Vorsicht raten. Diese oder jene medizinische Maßnahme mag zwar einen Menschen am Leben erhalten, es ihm aber gleichzeitig unerträglich machen. Es kann auch sein, dass sie nur den Sterbeprozess verlängert und Körper oder Seele auf dem Weg in die Freiheit behindert. Irgendwann ist für jeden von uns einfach die Zeit des Sterbens gekommen. Dies zu akzeptieren kann uns und denen, die uns nahestehen, viel Frieden bringen – wahrscheinlich mehr Frieden, als es ein bisschen mehr Lebenszeit könnte.

Ärzte, Pflegepersonal und ältere Menschen sind sich in dieser Einschätzung weitgehend einig, was sich auch in der zunehmenden Verbreitung der Hospizbewegung zeigt. Warum sterben dann immer noch so viele Menschen auf Intensivstationen, angeschlossen an Schläuche und Maschinen, und nicht bei sich zu Hause in ihrem eigenen Bett? Oft sind Menschen einfach schlecht informiert und wissen nicht, welche Wahlmöglichkeiten es gibt. Wenn ein Mensch seine Wünsche nicht klar geäußert hat, werden seine Angehörigen ihn wahrscheinlich wie üblich in die Notaufnahme bringen, ohne sich vorher über die Konsequenzen Gedanken zu machen.

Es ist nie leicht, angesichts des bevorstehenden Todes eines Freundes oder Familienmitglieds Frieden zu finden. Eines aber ist klar: Ständig neue Untersuchungen und Behandlungen helfen weder uns noch anderen. Ich habe Situationen miterlebt, in denen eine tiefe Ruhe eingekehrt ist, so dass man dem Tod gemeinsam begegnen konnte, zum Beispiel wenn nach gründlichem Abwägen die Entscheidung getroffen wurde, lebenserhaltende Maßnahmen zu beenden. Das kann natürlich nur dort geschehen, wo sich die Familie sicher ist, dass diese Entscheidung die Wünsche des Sterbenden respektiert. Unter solchen Umständen einen geliebten Menschen in Gottes Hände zu geben bringt Frieden.

Wann und wie wir uns verabschieden ist dabei weniger wichtig; das Abschiednehmen an sich zählt. Ein Erlebnis meines Schwagers Klaus Meier ist mir noch heute gegenwärtig. Als ältestes Kind seiner Familie war er seinem Vater Hans sehr nahe. Als Hans starb, lebte Klaus gerade in Nigeria, und seine Möglichkeiten zu telefonieren waren sehr eingeschränkt. Ich dachte mir, dass es für Klaus sehr schwer sein würde, in dieser Situation so weit von seinem Vater entfernt zu sein. Bevor er jedoch nach Afrika gereist war, hatten er und sein Vater alle Missverständnisse geklärt, die noch zwischen ihnen standen, denn sie wussten, dass sie sich vielleicht nie wieder sehen würden. Als sein Vater starb, konnte Klaus es deshalb mit einer inneren Gelassenheit annehmen, die ich bis heute bewundere. Er wusste einfach, dass er und sein Vater im Frieden voneinander Abschied genommen hatten, auch wenn es Monate zurücklag. Was für ein Unterschied zu einer Situation, in der man von Schuld und Wut verzehrt wird – Gefühle, die so viele Menschen belasten, die vom Tod eines Elternteils überrascht werden!

Ich habe oft gehört, dass sich das Leben mit allen guten und schlechten Erinnerungen wie ein Film vor unseren Augen abspielt, wenn wir im Sterben liegen. Die Vergangenheit wird merkwürdig lebendig, während wir uns an die guten wie auch an die schweren Zeiten erinnern - da mag man mit einem Auge weinen und mit dem anderen lachen. Das Wichtigste ist, dass wir in unseren Herzen Frieden haben. Sehnen wir uns nicht alle danach, dass Gott uns in sein Reich aufnimmt?

Den meisten Menschen wird es schwer fallen zu akzeptieren, dass das Ende naht. Ich muss daran denken, wie ich einem Ehepaar schrieb, wo der Mann an einer tödlichen Krankheit litt, und sie an die Worte von Paulus erinnerte: „Darum geben wir nicht auf. Wenn auch unser äußerer Mensch verfällt, wird doch der innere von Tag zu Tag erneuert. Was wir jetzt leiden müssen, dauert nicht lange und ist leicht zu ertragen in Anbetracht der unendlichen, unvorstellbaren Herrlichkeit, die uns erwartet. Deshalb blicken wir nicht auf das Sichtbare, sondern auf das, was unsichtbar ist. Denn das Sichtbare vergeht, doch das Unsichtbare bleibt ewig“ (2. Korinther 4,16–18).

Diese Worte drücken alles aus, was es zu sagen gibt. Zu sterben ist die letzte und härteste Prüfung unseres Mutes. Wer weiß, dass seine Stunden gezählt sind, schaue dem direkt ins Gesicht und merke sich: Nur wenn wir unsere körperliche Kraft verlieren, kann Gott verherrlicht werden. Denn Gottes Macht wird nicht offenbar in unserer Kraft, sondern in unserer

Schwäche (2. Korinther 12,9). In einer solchen Zeit ist jeder Moment kostbar. Noch können wir geliebten Menschen in die Augen schauen, mit ihnen lachen und weinen und vor allem dafür beten, dass die Liebe unter uns nicht abnimmt, sondern gestärkt wird.

Keiner weiß mit Sicherheit, wann seine Stunde schlägt, aber wir können uns vorbereiten. Karl Keiderling, ein guter Freund von mir und von Beruf Handwerker, stand vor einer größeren Herzoperation. Er erwartete natürlich, dass er wieder nach Hause kommen würde, auch wenn er das nicht als selbstverständlich annahm. Einen Tag bevor er ins Krankenhaus ging, überprüfte er noch einmal seine Werkzeuge und schärfte einige nach: „Für wenn ich zurückkomme." Er war ein wortkarger Mann, aber an dem Tag stand er im Gottesdienst auf und erklärte, dass er keinem etwas nachtrage. Dann bat er um Vergebung, falls er jemanden verletzt haben sollte. Seine Frau Clare erinnert sich:

> Karl hatte in seiner Bibel gerade die Stelle gelesen, in der es heißt, dass „kein Spatz auf die Erde fällt ohne den Willen eures Vaters", also hat er sein ganzes Leben in Gottes Hand gegeben. Ich war zu der Zeit auf einen Rollstuhl angewiesen und machte mir Sorgen,

wie wir nach der Operation zurechtkommen würden. Beide von uns würden eine Pflegekraft brauchen. Karl versicherte mir, ich bräuchte mir keine Sorgen zu machen. „Gott hat sich bis jetzt um uns gekümmert, und es wird schon alles gut gehen." Eine Sache legte er mir besonders ans Herz: „Da du im Moment sowieso nicht arbeiten kannst, hast du Zeit für andere. Vergiss nicht, dir die Zeit zu nehmen, um anderen Liebe zu zeigen."

Unserer Tochter sagte er: „Ich möchte dir und Mutter im Voraus danken, dass ihr mir im Krankenhaus beistehen werdet. Ich werde vielleicht eine Zeitlang nicht mit euch sprechen können, aber singt und sprecht trotzdem mit mir, ich werde euch im Herzen danken." Das taten wir auch, und wir waren froh darüber, denn er hat nie wieder mit uns gesprochen. Er starb nach der Operation.

Genau wie Clare muss jeder von uns bereit sein, Abschied von unserem Partner oder einem Freund zu nehmen. Möglicherweise werden sie vor uns sterben. Diese Bereitschaft ist für unseren weiteren Weg unerlässlich. Gott setzt jeden von uns unterschiedlich ein. Einige von uns werden vielleicht gerufen, in der Ewigkeit weiterzukämpfen, während andere noch länger hier auf Erden bleiben sollen. Ich habe zahllose enge Freunde verloren, auch solche, die mit mir in der Verantwortung für unsere Gemeinde standen, außerdem meine beiden Eltern. Mit jedem Verlust wird offensichtlicher: Nächstes Mal könnte ich derjenige sein, der geht. Der Frieden jedoch, den ich jedes Mal spüre, wenn ein Mensch diese Welt verlässt, erinnert mich an den Lohn, der auch mich erwartet, wenn ich meine letzten Tage richtig lebe.

In „Terminus" beschreibt Ralph Waldo Emerson den Tod als Reise über einen Ozean:

> Wie die Möwe muss dem Wind gefügig sein,
> So gehorche ich dem Sturm der Zeit.
> Ich steh am Ruder, hol das Segel ein,
> Hör abends auf die Stimme, die mich tags geleit:
>
> Getreuer Freund, vor Angst seist du bewahrt,
> Steure geradeaus – kein Unheil sich hier regt.
> Nah ist der Hafen, lohnend ist die Fahrt
> Und jede Woge ist mit Segensspruch belegt.

Wenn wir im Glauben treu bleiben und die Angst besiegen, kann es sein, dass wir wirklich eine so gesegnete Reise zum nächsten Hafen haben werden.

Trotzdem ist es wahrscheinlich für die meisten schwer, dieser Welt Lebewohl zu sagen. Wenn die Zeit gekommen ist, können wir Beistand in den Worten des Psalmisten finden: „Wirf deine Sorge auf den Herrn, er hält dich aufrecht! Er lässt den Gerechten niemals wanken"(Psalm 55,23). Choräle können in dieser Zeit besonders tröstend sein. In den letzten Jahren hat das Lied „Wenn Friede mit Gott" für mich eine besondere Bedeutung gewonnen. Geschrieben ist es von einem Mann, dessen Kinder durch ein Unglück ums Leben gekommen sind, und es spricht mit ungeheurer Kraft:

Wenn Friede mit Gott meine Seele durchdringt,
ob Stürme auch drohen von fern,
mein Herze im Glauben doch allezeit singt:
Mir ist wohl, mir ist wohl in dem Herrn.

Die Last meiner Sünde trug Jesus, das Lamm,
und warf sie weit weg in die Fern:
Er starb ja für mich auch am blutigen Stamm:
Meine Seele lobpreise den Herrn.

Nun leb ich in Christo für Christum allein,
sein Wort ist mein leitender Stern.
In ihm hab ich Fried und Erlösung von Pein,
meine Seele ist selig im Herrn.

Für jeden, der weiß, dass er bald sterben muss, ist es wunderbar, wenn er von vertrauten und geliebten Menschen umgeben ist. Wer in diesem kritischen Moment alleine ist, wer keine Kinder, Ehepartner oder Freunde um sich herum hat, der möge Trost in dem Wissen finden, dass Jesus bei ihm ist. Auch wenn alle anderen untreu geworden sind – Jesus wird die Treue halten. Er wartet darauf, uns in seine Arme zu nehmen und in Gottes Reich zu bringen. Wenn wir an seinen Versprechen festhalten, werden wir reich belohnt werden, besonders wenn die letzten Momente auf dieser Erde schwierig sind. Auch wenn wir uns verlassen und alleine vorkommen: Auf Jesus können wir vertrauen, egal wie die Umstände sind. In der Offenbarung des Johannes heißt es:

> Da hörte ich eine laute Stimme vom Thron her rufen: Seht, die Wohnung Gottes unter den Menschen! Er wird in ihrer Mitte wohnen, und sie werden sein Volk sein; und er, Gott, wird bei ihnen sein. Er wird alle Tränen von ihren Augen abwischen: Der Tod wird nicht mehr sein, keine Trauer, keine Klage, keine Mühsal. Denn was früher war, ist vergangen. (Offenbarung 21,3–4)

Emmy Arnold

„Jeden Morgen wenn ich aufwache, freue ich mich: Mir ist noch ein Tag geschenkt worden, an dem ich lieben und helfen kann."

10

Weiter gehen

WENN EIN MENSCH STIRBT, kann es für die Hinterbliebenen eine Herausforderung sein, diese Tatsache einfach zu ertragen. Oft fragen sie sich, warum ausgerechnet sie so etwas erleben müssen. Wenn wir uns sorgen, wie unsere Familien damit zurechtkommen werden, wenn wir nicht mehr da sind, dann können uns die folgenden Worte Mut machen: „Der Herr ist denen nahe, deren Herzen zerbrochen sind. Er rettet die, deren Geist zerschlagen ist“ (Psalm 34,19).

Einige der ergreifendsten Momente in meiner Tätigkeit als Seelsorger habe ich mit Menschen erlebt, die nach vierzig, fünfzig oder sechzig Ehejahren ihren Partner verloren haben. Die meisten dieser Ehepaare hatten einen tiefen Gottesglauben. Als Mann und Frau hatten sie sich lebenslange Treue versprochen, weil sie wussten, dass es das einzige Fundament ist, auf dem eine gesunde und stabile Ehe Bestand haben kann. Diese Menschen hatten kein leichtes Leben; viele von ihnen mussten Zeiten von Leid und Not durchmachen. Manche hatten die Wirtschaftskrisen der 1920er Jahre durchlebt, andere als Soldaten in einem der Kriege des letzten Jahrhunderts gedient. Wenn man so viel zusammen erlebt hat, ist es kein Wunder, dass der Tod des einen den zurückbleibenden Partner besonders schwer trifft. Aber jedes Mal konnte ich Zeuge einer bemerkenswerten Fähigkeit sein, das Geschehene zu akzeptieren.

Auch Thelma, einer jungen Frau aus meiner Gemeinde, ist das aufgefallen, als sie eine Zeit lang ihren Großeltern half.

> Nachdem ich mit der Schule fertig war, bot sich mir die Gelegenheit, meiner Großmutter zu helfen, die rund um die Uhr betreut werden musste. Wie Opa sich um sie gekümmert hat, hat mich sehr beeindruckt. Bis ganz zum Schluss schlief er in einem Bett gleich neben Oma, auch als die Nächte schwierig wurden. Sein Kommentar war: „Vor einundsechzig Jahren habe ich ihr meine Hand gegeben, und ich

werde sie jetzt nicht alleine lassen." Als Oma schließlich starb, war Opa an ihrer Seite. Ich werde mich immer an sein Gebet erinnern: „Lieber Gott, ich danke dir für einundsechzig gemeinsame Jahre. Danke, danke!"

Wie können wir einen solchen Frieden finden, wenn unser Ehepartner gestorben ist? Ich bin mir nicht sicher, ob es mir so gut gelingen würde wie Thelmas Großvater. Vielleicht ist es vor allem wichtig, den Schmerz, den man spürt, nicht zu unterdrücken, sondern wirklich zu trauern. Diesen Prozess des Trauerns kann man nicht vermeiden, aber oft passiert genau das, und wir kehren so schnell wir können in die „Normalität" zurück. Viel zu häufig hoffen wir, dass alles nach ein paar Wochen vorbei sein wird. Aber so ist das nicht.

Für den zurückgebliebenen Partner wird das Leben nie wieder so werden wie vorher, soviel ist klar. Aber durch die Trauer hindurch kann wirklicher Friede mit Jesus gefunden werden. Oft ist der Trauernde dabei alleine; der tiefste Schmerz kommt hinter geschlossenen Türen zum Vorschein, wenn weder Familie noch enge Freunde dabei sind. Aber Gott wird immer da sein.

Wer sich keine Zeit zum Trauern nimmt, wird auch keine Heilung erleben. Wir müssen innerlich ruhig werden und Gott bitten, uns zu helfen. Es ist nichts Düsteres; es kann erlösend, sogar freudig sein. Wer das einmal entdeckt hat, für den kann Trauer eine Würdigung des Verstorbenen sein.

Das habe ich mit meinen Eltern Heinrich und Annemarie erlebt. Meine Mutter hatte eine viel robustere Gesundheit als mein Vater, trotzdem überlebte er sie um zwei Jahre. Sie waren sechsundvierzig Jahre verheiratet gewesen und hatten in dieser Zeit viel von Gottes Wirken erlebt. Es bestand eine tiefe Liebe zwischen ihnen. Die endgültige Trennung von meiner Mutter brach meinem Vater das Herz. Er wusste einfach nicht, wie er ohne sie weitermachen sollte. Er muss damals sehr einsam gewesen sein, was ich als sein einziger Sohn nicht genug bemerkt und berücksichtigt habe.

Mein Vater liebte die Worte von Mutter Teresa: „Wir müssen Gott finden, aber inmitten von Lärm und Geschäftigkeit geht das nicht. Gott ist ein Freund der Stille. Seht, wie die Natur in Stille wächst: Bäume, Blumen, Gräser. Seht die Sterne, den Mond, die Sonne. Auch sie bewegen sich in völliger Stille...Wir brauchen Stille, wenn wir die Herzen von Menschen berühren möchten."

Diese Worte halfen ihm zu trauern. Nach dem Tod meiner Mutter verbrachte er viele Stunden in Gebet und Stille, einfach aus dem Verlangen heraus, Gott zu finden und ihm nahe zu sein. Ich habe es immer wieder bereut, dass ich zu oft mit anderen Sachen beschäftigt war und nicht Zeit mit ihm zusammen verbracht habe, um diese von Gott geschenkten Momente mitzuerleben. Wir haben allerdings gemeinsam die Tagebücher und Briefe durchgesehen, die meine Mutter als junge Frau geschrieben hatte. Die ganze Familie hatte daran Anteil und so kam ihr Leben uns allen noch einmal ganz nahe. Die Briefe und Tagebücher eines geliebten Menschen gemeinsam zu lesen und seine Erfahrungen nachzuerleben, kann für eine trauernde Familie eine große Hilfe sein.

Schon als Teenager hatte mein Vater sich für die Mystiker des Mittelalters interessiert, vor allem für Meister Eckhart, dessen Schriften immer wieder auf die Bedeutung von Stille und Gebet verweisen. Diese beiden Elemente spielten eine wichtige Rolle im Leben meines Vaters und bestimmten es in seinen letzten Jahren. Vielleicht war das einer der Gründe, warum so viele Menschen ihn liebten und sogar Fremde ihm ihre Lebensgeschichten anvertrauten. Er selbst durchlebte all die Versuchungen und inneren Kämpfe, die jeder Mensch erfährt, der dem Ende seines Lebens entgegengeht. Die Kraft, ihnen offen ins Auge zu sehen, bekam er in der Stille und durch das Gebet. Deshalb war er auch in der Lage, anderen zu helfen.

Sogar in ihrer Trauer können die Hinterbliebenen für andere eine Quelle von Kraft und Mut sein. Gill Barth hat das trotz aller Schwierigkeiten erleben können:

> Als bei meinem Ehemann Stephan ein inoperabler, bösartiger Hirntumor diagnostiziert wurde, konnte ich gar nicht fassen, dass seine Tage plötzlich gezählt sein sollten: Dieser große, starke Mann, der Blumen und Gärten so sehr liebte, der mit seinem Spaten tausende von Bäumen und Büschen gepflanzt hatte, die jetzt in voller Blüte standen. Schlimmer noch: Der Tag der Diagnose fiel auf das sechsundvierzigste Jubiläum unserer Verlobung. Dass unsere Kinder uns Blumen brachten, machte es nicht leichter, diese Situation zu ertragen.

Aber Stephan sagte nur: „Ich kann das entweder einfach hinnehmen oder ich kann es bewusst annehmen und mich unter Gottes Willen beugen." Er wischte sich die Tränen vom Gesicht und sagte zu mir: „Sei nicht traurig! Von jetzt an werden wir das Leben feiern und unsere Freude mit allen anderen teilen." Seine vollkommene Akzeptanz hat mir sehr geholfen, meine Sorgen und ängstlichen Gedanken loszulassen.

Im Laufe der folgenden Tage stellte ich fest, dass Stephan nicht mehr nur „mein" Mann war: Ich musste ihn mit anderen teilen, denn von nun an war unsere Tür offen für Freunde und Nachbarn. Mit den Besuchern kamen Erinnerungen, Lachen und Weinen. Jedes Mal, wenn ich mit Schreck daran dachte, wie der Tumor in ihm wuchs, lenkte ich absichtlich meine Gedanken auf das, was Stephan uns aufgetragen hatte: Das Leben zu feiern.

Aber er war nicht unrealistisch, und Schritt für Schritt ließ er die Dinge los, die ihm etwas bedeutet hatten: die Obst- und Weingärten, die er gepflanzt hatte, sein eigenes Auto, die Kartenspiele mit Nachbarn am Wochenende. Nur einmal hörte ich ein trauriges Wort über seine Lippen kommen: „Das Sterben dauert so lange." Aber auch hier war der Ton nicht jammernd. Nach zweieinhalb Monaten kam der Moment des Abschieds. Wir weinten, aber wir wussten auch, dass es ein Sieg war und dass er seine Lebensaufgabe erfüllt hatte.

Jetzt war ich eine Witwe. Während der Tage und Monate nach Stephans Tod überschwemmten mich Freunde, Nachbarn und Familie mit ihrer Liebe, und das war eine enorme Hilfe für mich, auch wenn ich Stephan fürchterlich vermisste. Als es zum ersten Mal nach seinem Tod regnete, lief ich los, um seinen Regenmantel zu holen – und erinnerte mich plötzlich, dass sein Körper unter der Erde lag. Abends nach Hause zu kommen und seinen Sessel leer herumstehen zu sehen war immer schmerzhaft. Es gab so viele kleine Dinge, die an meinem Herzen zerrten: Ein Lied, Erinnerungen an einen Ort, der uns viel bedeutet hatte, die leuchtenden Sterne, die wir so oft gemeinsam angeschaut hatten. Oft fiel mir das Atmen schwer.

Ich versuchte, nicht zu weinen, damit andere sich keine Sorgen machen würden. Erst später habe ich verstanden, dass es ein Fehler war, meine Tränen zu unterdrücken. Ich habe versucht, tapfer zu sein, aber ich war es nicht wirklich. Meine Mutter hatte mir

Jahre zuvor erzählt, dass, nachdem mein Vater gestorben war, niemand mit ihr über ihn gesprochen hatte und dass es ihr dadurch so vorkam, als habe er überhaupt nie existiert. Wie hatte sie sich gewünscht, dass jemand einfach nur seinen Namen sagen würde! Ich hatte nicht gewusst, wie sehr ich diesen Trost selbst brauchen würde.

Jahrelang hatte ich mit Stephan zusammen in einer kleinen Firma gearbeitet, und jetzt war es plötzlich, als ob ich überhaupt keine Beziehung zu meinen Mitarbeitern hätte. Stephan hatte in meinem Leben eine so zentrale Rolle gespielt. Es klingt seltsam, aber es fühlte sich an, als sei ich nur noch ein Schatten meiner selbst. Ich versuchte herauszufinden, was meine neue Rolle sein könnte. Ich sprach mit meinem Pastor darüber und fing an zu begreifen, dass, wenn ein Mensch stirbt, andere zurückbleiben und trauern müssen. Ich traf mich mit anderen Witwen und Witwern, die genauso litten wie ich. Durch sie lernte ich, dass man ein neues Leben anfangen kann, indem man neue Beziehungen, neue Verbindungen knüpft. Genauso wie ich Stephan mit anderen „teilen" musste, als er krank war, musste ich mich jetzt selbst „teilen", mich mitteilen und meine Zeit und Kraft für andere bereitstellen. Ich konnte nicht mehr nur um ihn trauern.

Es hat zwei bis drei Jahre gedauert, bis ich das wirklich konnte. Aber dadurch habe ich einen neuen Frieden geschenkt bekommen und wieder ein dankbares Herz für all die Jahre, die Stephan und ich zusammen hatten. Ich habe erfahren, dass Liebe nicht endet, sondern aus der Ewigkeit bis in unsere Herzen hier auf Erden scheint.

Meine Großmutter Emmy Arnold (für uns war sie immer „Oma") ist ein weiteres Beispiel dafür, dass Trauer und Trennung nicht in Verzweiflung und Einsamkeit enden müssen. Sie wurde in Riga in eine adlige Familie hineingeboren. Ihre Eltern und Vorfahren waren reich an Kultur, Einfluss und Vermögen. Als sie Anfang zwanzig war, erlebte sie eine Bekehrung zu Jesus und ließ sich taufen. Dann heiratete sie meinen Großvater Eberhard Arnold. 1920 begannen sie, mit anderen eine kleine Lebens- und Arbeitsgemeinschaft in der Nähe von Fulda aufzubauen. Dort setzten sie das, was Jesus in der Bergpredigt (Matthäus 5–7) lehrt, in gelebte Wirklichkeit um.

Beide gehörten zu denen, die Hitler offen kritisierten, als er die Macht in Deutschland übernahm. 1935 starb mein Großvater plötzlich und unerwartet nach einer Operation. (Antibiotika waren damals noch nicht verfügbar.) Zwei Jahre später musste Oma gemeinsam mit einigen Freunden und meinen Eltern aus Deutschland fliehen und schließlich nach einem Aufenthalt in England auf dem Höhepunkt des U-Boot-Krieges über den Atlantik nach Südamerika emigrieren.

Oma war fünfundvierzig Jahre lang Witwe. Sie muss sich oft sehr alleine gefühlt haben, ohne den Ehemann, den sie so sehr geliebt hatte. Sie versank aber nie in Selbstmitleid, sondern kümmerte sich stattdessen um andere Menschen. Kinder liebten sie und scharten sich um sie; sie spielte Klavier und mochte besonders Volkslieder und Choräle. Sie konnte sich gut ausdrücken und hatte Briefkontakt mit Menschen in aller Welt.

Oma liebte das Leben, und sie liebte Feierlichkeiten. Weihnachten, Ostern und ihr Geburtstag waren besondere Anlässe, zu denen sie immer viele Freunde und Bekannte einlud. In den letzten Jahren ihres Lebens fuhr ich sie manchmal durch die Berge, dann hielten wir oft bei einem schönen Aussichtspunkt an oder kehrten auf eine Tasse Kaffee ein. Unsere

Gespräche über den Glauben, Ehe, Kinder und Gemeinschaft haben mich tief geprägt, vor allem wenn sie erzählte, was mein Großvater, ein seinerzeit bekannter Theologe, zu einem bestimmten Thema gesagt hatte.

Auch als sie älter und schwächer wurde, hat sie nie aufgehört, sich um die vielen Menschen zu kümmern, die zu Besuch kamen. Bis zu ihrem Tod mit fünfundneunzig Jahren strahlte sie Freude und Begeisterung aus. Nachdem sie gestorben war, wurde sie nicht nur von ihrer eigenen Familie vermisst, sondern ebenso von den vielen Menschen, die sie im Laufe der Jahre kennengelernt und denen sie geholfen hatte. Ihr Vermächtnis ist für mich in der Inschrift ausgedrückt, die sowohl auf ihrem Grab als auch auf dem ihres Mannes steht: „Selig sind die Toten, die in dem Herrn sterben von nun an. Sie ruhen von ihrer Arbeit, denn ihre Werke folgen ihnen nach" (Offenbarung 14,13).

Natürlich ist nicht jeder verheiratet oder lebt sein ganzes Leben lang mit einem Partner zusammen. Nicht jede Ehe ist so glücklich und hat so viel Bedeutung über die Kernfamilie hinaus, wie das bei meiner Großmutter der Fall war. Aber jeder Tod, jede Seele, die von uns geht, muss betrauert werden.

Wie viel Frieden und Sinn wir im Alter finden, hängt damit zusammen, wie gut wir trauern und ob wir den Schmerz des Verlassenseins hinter uns lassen und neue Freude am Leben finden können, nachdem ein geliebter Mensch von uns gegangen ist. Wenn wir in Depression versinken oder zu viel Zeit damit verbringen, über Vergangenes nachzudenken, verpassen wir vielleicht Gelegenheiten, wie wir positiv mit unserer Trauer umgehen können.

Kürzlich habe ich eine Anekdote von einer Verwandten meiner Mutter gehört, die das sehr schön verdeutlicht. Sie berichtet, wie eine Tante von ihr jedes Jahr in der Woche vor Totensonntag zu Fuß mit einem Bollerwagen voll Schnittgrün den langen Weg von ihrem Heimatdorf Schaala in Thüringen zum Friedhof des talaufwärts gelegenen Keilhau machte, um dort die Gräber ihrer Verwandten zu pflegen. Das war nichts Trauriges oder gar Düsteres und auch kein bloßes Ritual, zu dem sie sich verpflichtet fühlte, sondern ein Zeichen herzlicher Liebe und Verbundenheit, denen der Tod nichts anhaben konnte. Für sie war es ganz einfach ein Besuch bei Verwandten – so wirklich konnte sie die Präsenz dieser geliebten Menschen erfahren.

Ihre Einstellung zum Tod war bodenständig und pragmatisch. So erzählte sie einer Nichte: „Der Tod macht mir keine Angst. Wir sind auf ‚Du' miteinander."

Eines ist sicher: Durch Liebe und Glauben sind die Menschen, die von uns gegangen sind, noch immer mit uns, den Lebenden, verbunden. Mein Großvater schrieb in seinem letzten Brief an seine Frau: „Ich werde bis in alle Ewigkeit vor Gott für dich beten." Ein solcher Gedanke wird für jeden gläubigen Menschen ein großer Trost sein, auch wenn er zu gewaltig ist, als dass wir ihn vollständig verstehen könnten.

Ellen Keiderling

„Dies sind die besten Jahre meines Lebens."

11

Neu anfangen

WÄHREND EINES HAUSBESUCHS erzählt ein Patient seinem Arzt, dass er Angst vor dem Sterben habe und sich frage, was ihn „auf der anderen Seite" erwartet. Als sie ein Geräusch an der Tür hören, antwortete der Arzt:

> Hören Sie das? Es ist mein Hund. Ich habe ihn unten gelassen, aber er ist ungeduldig geworden und ist hochgekommen, weil er meine Stimme hört. Er weiß zwar nicht, was sich auf dieser Seite der Tür befindet, aber er ist sich sicher, dass ich hier bin. Auch Sie haben keine Vorstellung davon, was „auf der anderen Seite" ist, aber Sie wissen, dass Jesus, Ihr Herr, dort ist.

Diese Geschichte deutet auf das Vertrauen hin, mit dem wir dem Ende unseres Lebens entgegengehen können. Wir alle haben Angst vor dem Alter, und wir alle haben auch Angst vor dem Tod. Aber wenn wir nicht begreifen, dass wir nicht nur für diese Welt, sondern für etwas Größeres geschaffen wurden, dann werden wir diese Angst niemals besiegen können. Wenn wir den Tod als Schwelle zu einer anderen Welt sehen, als Teil des Menschseins, nicht als sein Ende, dann können wir besser damit umgehen.

Schon Paulus sagt uns: „Wir wollen euch nicht im Unklaren lassen, liebe Brüder und Schwestern, wie es mit denen aus eurer Gemeinde steht, die schon gestorben sind. Dann braucht ihr nicht traurig zu sein wie die übrigen Menschen, die keine Hoffnung haben. Wir glauben, dass Jesus gestorben und auferstanden ist. Ebenso gewiss wird Gott auch die Verstorbenen durch Jesus und mit ihm zusammen zum ewigen Leben führen." (1. Thessalonicher 4,13–14)

Wenn wir das wirklich glauben, dann brauchen wir uns keine Sorgen darüber zu machen, was wir auf der anderen Seite vorfinden werden, denn wir wissen, wer dort ist: Es ist unser Herr und Meister, Jesus. Und auch wenn wir noch damit ringen, dass unser irdisches Leben in jedem Moment zu Ende sein kann, können wir in der Sicherheit leben, dass es ein Leben nach dem Tod gibt.

Während einer langen Diskussion versuchte ein Gastwirt aus der Nachbarschaft, mich davon zu überzeugen, dass mit dem Tod alles zu Ende geht. Er glaubt felsenfest daran, dass es kein Leben nach dem Tod und keinen Himmel gibt. Aber dabei verkennt er die Größe Gottes und seine Allmacht, alles zu erlösen und miteinander zu versöhnen (Kolosser 1,20).

Viele Menschen denken wie dieser Gastwirt, aber die Ewigkeit ist nicht nur eine christliche Vorstellung. Viele andere Religionen wie das Judentum, der Islam, der Buddhismus und auch der Hinduismus bezeugen den Glauben an ein Leben nach dem Tod. Jesus spricht an einer Stelle von den vielen Räumen, die im Haus seines Vaters auf uns warten. Der schottische Schriftsteller George MacDonald führt diesen Gedanken weiter aus:

> Was macht es, ob wir in diesem oder jenem Raum leben? Derselbe, der uns hierher geschickt hat, ruft uns auch wieder heraus. Ich möchte leben, ich liebe das Leben über alles, aber es ist mir gleich, wo ich lebe. Er hat diesen Raum so wunderbar lebenswert gemacht – sicherlich kann ich ihm auch in Bezug auf den nächsten Raum vertrauen!

Unser Leben ist kurz, wie eine verwelkende Blume. Der Prophet Jesaja schreibt: „Alle Menschen sind vergänglich wie das Gras. Auch wenn sie noch so gerecht und treu sind, es ergeht ihnen nicht anders als den Blumen auf der Wiese. Das Gras verdorrt, die Blumen verwelken" (Jesaja 40,6–7). Der Apostel Jakobus fragt: „Was ist euer Leben? Ihr seid wie Rauch, den man für kurze Zeit sieht und der sich dann verflüchtigt" (Jakobus 4,14). Es ist töricht zu glauben, wir könnten diese Realität verändern. All das wäre sehr deprimierend, wenn wir nicht erfassen würden, dass die Ewigkeit ein Teil von Gottes wunderbarem Plan ist.

Wie die Bibel schon andeutet, geht es nicht darum, dass sich das Leben, so wie wir es kennen, endlos fortsetzt. Unser Leben in seiner jetzigen Form wird bald vorbei sein. Die Ewigkeit bedeutet ein neues Leben, das von der zerstörerischen Macht des Todes unberührt bleibt, eine Fülle des Lebens, in der nur die Liebe herrscht. Die Verheißung ewigen Lebens hat weniger mit der Dauer als mit der Art des Lebens zu tun: voller Friede, Gemeinschaft und Erfüllung. Ein solches Leben kann schon jetzt beginnen.

Im Tiefsten sehnen wir uns alle nach dem, was Gott uns versprochen hat: Ein neues Leben, eine neue Heimat mit einem Körper, der keinen Mangel und keine Not kennt. „Denn wir wissen, dass, wenn unser irdisches Zelt zerstört wird, wir einen Bau von Gott haben, ein nicht von Menschen gemachtes, ewiges Haus im Himmel. Denn hier seufzen wir noch und sehnen uns danach, mit unserer Behausung aus dem Himmel überkleidet zu werden..." (2. Korinther 5,1–2).

Gott möchte uns alle in sein Reich aufnehmen, aber wir müssen hier auf der Erde anfangen, darauf hinzuarbeiten. Was wir im Hier und Jetzt tun, hat Auswirkungen über das Hier und Jetzt hinaus. Wir verschwenden so viel Zeit auf dieser Welt mit flüchtigen Vergnügungen und vernachlässigen die Dinge, um die es im Leben eigentlich geht. Warum mühen wir uns ab für die Nahrung, die verdirbt, und nicht für die Speise, die bis ins ewige Leben reicht (Johannes 6,27)?

Wer „im Angesicht der Ewigkeit" lebt, dessen Herz und Verstand werden auf die nächste Welt vorbereitet, auch wenn der Körper noch in dieser Welt verwurzelt ist. Die Worte von Häuptling Tecumseh drücken es treffend aus:

Lebe dein Leben so, dass die Angst vor dem Tod niemals in dein Herz eindringen kann...Liebe dein Leben, vervollkommne dein Leben, strebe danach, dass du lange lebst und den Menschen um dich herum dienst...Gib immer ein Wort oder ein Zeichen des Grußes, wenn du einen Freund triffst, auch wenn du einen einsamen Fremden triffst. Erweise allen Menschen deinen Respekt, aber krieche vor niemandem. Wenn du morgens aufstehst, sage Dank für deine Speise und für die Freude, am Leben zu sein. Wenn du keinen Grund findest zu danken, dann suche den Fehler bei dir selbst. Wenn die Zeit zu sterben kommt, dann sei nicht wie die, deren Herzen voller Todesangst sind, so dass sie weinen und um ein bisschen mehr Zeit betteln, weil sie ihr Leben noch einmal anders leben möchten. Sing dein Todeslied und stirb wie ein heimkehrender Held.

Im Angesicht der Ewigkeit zu leben bedeutet, nicht hier auf der Erde Reichtümer anzuhäufen, sondern im Himmel (Matthäus 6,19–20). Es bedeutet zu wissen, dass wir nicht vom Brot allein leben, sondern von jedem Wort, das aus Gottes Mund kommt (Matthäus 4,4), und dass Jesus uns das Wasser des Lebens gibt: „Wer

Wasser trinkt, wird bald wieder durstig sein. Wer aber von dem Wasser trinkt, das ich ihm gebe, der wird nie wieder Durst bekommen. Dieses Wasser wird in ihm zu einer Quelle, die bis ins ewige Leben hinein fließt" (Johannes 4,13–14).

Meine Frau und ich sind auch in die Abenddämmerung des Lebens eingetreten und fragen uns oft, was wirklich zählt. Immer wieder kommen wir dabei zu dem Schluss, wie wichtig es ist, uns so gut wie möglich auf den Moment vorzubereiten, wenn Gott uns zu sich rufen wird. Ebenso wollen wir anderen Menschen helfen, wenn ihre Stunde gekommen ist. Wir wollen ihnen zur Seite stehen und ihnen helfen, die Brücke zu überqueren, die in die andere Welt führt.

Es wäre gut, wenn wir uns alle unabhängig von unserem Alter diese Frage stellen würden. Die Jugend mag eine der schönsten Zeiten des Lebens sein, ihre Freuden sind aber erst dann vollkommen, wenn sich junge Menschen mit der Ewigkeit auseinandersetzen. Das Gleiche gilt für das Alter: Es kann eine Zeit voller Schmerzen, Einsamkeit und Depression sein, wenn wir nicht begreifen, dass wir nicht auf dem Weg zum Tod, sondern zum ewigen Leben sind.

Um für die Ewigkeit zu leben, brauchen wir Glauben. Paulus nennt diesen Glauben „eine feste Zuversicht auf das, was man hofft, und ein Nichtzweifeln an dem, was man nicht sieht" (Hebräer 11,1). Ohne Glauben sind wir der Angst vor dem Ende unseres irdischen Lebens ausgeliefert, durch den Glauben wird diese Angst überwunden. Ohne Glauben erscheint der Tod als trauriger Verlust, durch den Glauben aber sehen wir darin die Freude, ja sogar den Triumph. Denn erst wenn wir sterben, wird das neue Leben beginnen.

Im Johannesevangelium werden wir daran erinnert, dass das Weizenkorn, wenn es nicht in die Erde fällt und stirbt, allein bleibt; wenn es aber stirbt, bringt es viel Frucht (Johannes 12,24). Gott will, dass jeder von uns wächst und gedeiht und in alle Ewigkeit Frucht bringt.

Wenn wir uns auf die Ewigkeit vorbereiten, stellt sich uns die Frage: „Was wird mit mir passieren, wenn ich sterbe?" Aber wir müssen keine Angst haben, denn „jetzt gibt es keine Verurteilung mehr für die, welche in Christus Jesus sind. Denn das Gesetz des Geistes und des Lebens in Christus Jesus hat dich frei gemacht vom Gesetz der Sünde und des Todes" (Römer 8,1–2).

Wie es im Buch des Predigers Salomo so wunderbar beschrieben ist, gibt es für alles eine bestimmte Zeit:

Geboren werden hat seine Zeit, sterben hat seine Zeit;
pflanzen hat seine Zeit,
    ausreißen, was gepflanzt ist, hat seine Zeit;
töten hat seine Zeit, heilen hat seine Zeit;
abbrechen hat seine Zeit, bauen hat seine Zeit;
weinen hat seine Zeit, lachen hat seine Zeit;
klagen hat seine Zeit, tanzen hat seine Zeit;
Steine wegwerfen hat seine Zeit,
    Steine sammeln hat seine Zeit;
lieben hat seine Zeit, hassen hat seine Zeit;
suchen hat seine Zeit, verlieren hat seine Zeit;
behalten hat seine Zeit, wegwerfen hat seine Zeit;
zerreißen hat seine Zeit, zunähen hat seine Zeit;
schweigen hat seine Zeit, reden hat seine Zeit;
lieben hat seine Zeit, hassen hat seine Zeit;
Streit hat seine Zeit, Friede hat seine Zeit.

Weiter heißt es:

Ich habe das Geschäft gesehen, das Gott den Menschenkindern gegeben hat, sich darin abzumühen. Alles hat er schön gemacht zu seiner Zeit, auch hat er die Ewigkeit in ihr Herz gelegt, aber der Mensch begreift nicht, was Gott getan hat, vom Anfang bis zum Ende. (Prediger 3,2–8 u. 10–11)

Unser Leben wäre in der Tat sehr beschränkt, wenn es nur aus dem bestünde, was wir sehen und berühren können. Die Ewigkeit aber ist unermesslich. Wenn wir unser Leben im Angesicht der Ewigkeit leben, werden wir feststellen, dass sie viel realer ist als alles, was wir in der sichtbaren Welt erleben. Paulus schreibt: „Denn wir sehen jetzt wie durch einen trüben Spiegel, dann aber von Angesicht zu Angesicht. Jetzt erkenne ich nur Bruchstücke, dann aber werde ich alles erkennen, wie auch ich vollkommen erkannt worden bin" (1. Korinther 13,12).

Gott hat jeden von uns für diese Welt erschaffen, aber er hat uns auch für die Ewigkeit erschaffen. Jeder einzelne von uns ist Teil seines Plans. Wenn wir unser Leben so verbringen, als gäbe es nur das Diesseits, dann wird das Folgen haben. Wenn wir allerdings Gott treu bleiben, haben wir an dem Versprechen teil, dass „die Gerechten in ihres Vaters Reich leuchten werden wie die Sonne" (Matthäus 13,43). Paulus sagt: „Denn wenn ihr nach dem Fleisch lebt, so werdet ihr sterben müssen; wenn ihr aber durch den Geist die

Taten des Fleisches tötet, so werdet ihr leben" (Römer 8,13). Sollte das nicht unser Ziel sein?

Natürlich werden wir im Laufe unseres Lebens Fehler machen. Aber Gott kann uns trotzdem gebrauchen. Mögen wir in dieser Welt noch so unvollkommen sein – in der Ewigkeit können wir vollendet werden. Das Gedicht von Robert Browning, das meine Sekretärin Ellen so gerne hatte und mit dem dieses Buch anfing, hört mit den Worten auf:

So nimm und nutze, was du hast geschaffen:
Bessere aus, wo tiefe Risse klaffen,
Wo gutes Material verdorben,
  wo verzerrt der Formen Harmonie!
Mein Leben sei in deiner Hand!
Erschaffe diesen Kelch wie du's geplant!
Und Alter spreche Urteil über Jugend,
  der Tod vollende sie!

Im Angesicht der Ewigkeit zu leben gibt uns die Gelegenheit, den Tod jetzt schon zu besiegen, auch wenn unser Körper noch sterben muss. Ein solches Leben kann uns helfen zu begreifen, wie Gott in unserem Leben wirkt. Es kann uns Kraft geben, ihm auf dem Weg des Dienens, der Liebe und der Vergebung nachzufolgen. So können wir uns auf unseren Tod und damit auf das ewige Leben vorbereiten. Als Gott jeden einzelnen von uns ins Leben rief, hatte er für jeden eine Bestimmung im Sinn, die weit über unsere Vorstellungskraft hinausgeht. Wenn wir dieser Bestimmung nach leben, wird uns auch das ewige Leben geschenkt werden:

> Ich bin die Auferstehung und das Leben. Wer an mich glaubt, der wird leben, auch wenn er stirbt; und wer lebt und an mich glaubt, der wird niemals sterben. (Johannes 11,25–26)

Nachwort

Die Arbeit an diesem Buch hat meiner Frau Verena und mir viel zum Nachdenken gegeben. Wir kennen alle Ängste und Sorgen, die hier geschildert sind, aus unserer eigenen Erfahrung. Kaum etwas von dem, was dem Leser durch den Kopf gegangen sein mag, dürfte uns fremd sein. Unsere Antwort auf all dies ist, dass wir uns Jesus anvertrauen wollen. Er wird bei uns sein, wenn wir auf die Probe gestellt werden. Er hat uns seinen Frieden versprochen, „nicht wie die Welt gibt", sondern einen „Frieden, der alles Verstehen übersteigt". Diesen Frieden müssen wir finden, wenn unser Leben dem Ende zugeht. Dann werden wir auch anderen helfen können.

Während der Arbeit an diesem Buch sind Verena und ich vielen gleichgesinnten Menschen unserer

Generation sehr nahe gekommen. Jeder von ihnen hatte eine bewegende Lebensgeschichte zu erzählen, was für uns immer wieder ein Grund war weiterzumachen.

Uns ist aufgefallen, dass fast alle eines gemeinsam hatten: Als Kinder und Jugendliche haben sie von ihren Eltern und Lehrern echte Werte vermittelt bekommen. Da wurde betont, wie wichtig es ist, auf das Gewissen zu hören, um Richtig und Falsch unterscheiden zu können. Ihre Lebensläufe zeigen, wie gut es sich auf ein Kind auswirkt, mit beiden Eltern aufzuwachsen, wenn Vater und Mutter ihrem Eheversprechen treu geblieben sind: „Bis dass der Tod uns scheide“. Wir hoffen, dass unsere Generation nicht vollständig versagt hat, dieses Erbe an unsere Kinder weiterzugeben.

Uns ist klar, dass unsere eigenen Tage auf dieser Erde gezählt sind. Doch wir wollen darüber nicht traurig sein, sondern die Zeit, die uns noch bleibt, positiv nutzen. Die Liebe und das Vertrauen, die uns so viele Menschen entgegengebracht haben, lässt uns mit Hoffnung und Dankbarkeit in die Zukunft blicken. Es gibt so vieles, wofür wir Gott Dank schulden! Er hat uns mehr als siebenundvierzig Jahre als Ehepaar zusammengehalten und unsere Ehe mit acht Kindern gesegnet. Inzwischen haben wir zweiundvierzig Enkel und einen Urenkel! Das hätten wir uns nie vorstellen können, als wir geheiratet haben.

Viele Menschen haben Verena und mir geholfen, die Geschichten für dieses Buch zusammenzutragen. Unser Dank gehört vor allem Andrew Zimmerman und dem Büroteam: Miriam Mathis, Emmy Maria Blough, Else Blough und Hanna Rimes. Vielen Dank für zahllose Stunden, in denen Material zusammengestellt und Manuskripte korrekturgelesen wurden. Weiterhin gilt unser Dank dem ganzen Verlagsteam des Plough Publishing House. Ohne ihre Hilfe wäre dieses Buch nicht zu dem geworden, was es ist.

Vielen Dank, dass Sie *Reich an Jahren* gelesen haben. Helfen Sie uns, Hoffnung zu verbreiten! Reichen Sie das Buch an Ihre Freunde und Bekannten weiter. Was hat *Reich an Jahren* Ihnen bedeutet? Wir freuen uns über jede Rückmeldung! Sie können uns über den Verlag erreichen: info@plough.com

Über den Autor

Johann Christoph Arnold ist als Redner und Schriftsteller international bekannt. Seinen reichen Erfahrungsschatz als Seelsorger in Ehe- und Erziehungsfragen sowie im Umgang mit Leiden und Sterben hat er in Büchern zugänglich gemacht, die in mehr als zwanzig Sprachen übersetzt wurden. Er trägt Verantwortung in der Leitung des Bruderhofs, einer internationalen, christlichen Gemeinschaftsbewegung.

Gemeinsam mit seiner Frau Verena hat er im Laufe der letzten vierzig Jahre tausende von Menschen seelsorgerisch betreut.

Arnolds Ansichten sind geprägt von Begegnungen mit Menschen wie Martin Luther King, Mutter Teresa, Cesar Chavez und Papst Johannes Paul II. Gemeinsam mit dem gelähmten Polizisten Steven McDonald hat er *Breaking the Cycle* ins Leben gerufen, ein Programm zur Gewaltprävention an Schulen, das jungen Menschen

zeigt, wie sich Konflikte durch Vergebung lösen lassen (www.breakingthecycle.com). Im Rahmen dieses Programms hat Arnold auch in Konfliktzonen wie Nordirland, Ruanda und dem Nahen Osten für Vergebung und Versöhnung geworben. Zu Hause dient er der örtlichen Polizei als Seelsorger.

1940 als Sohn deutscher Flüchtlinge in England geboren, verbrachte Arnold seine Jugend in Südamerika, wo seine Eltern während des Zweiten Weltkriegs Asyl gefunden hatten. 1955 siedelte er in die USA um. Seine Frau und er haben acht Kinder, zweiundvierzig Enkelkinder und einen Urenkel. Sie leben im US-Bundesstaat New York.

Namensregister